Sexualidade
Líquida

Antropologia da sexualidade humana
e comportamentos sexuais

Giovanni Cipriani

Sexualidade *Líquida*

Antropologia da sexualidade humana
e comportamentos sexuais

Artesã

Sexualidade líquida: antropologia da sexualidade humana e comportamentos sexuais

DIRETOR
Alcebino Santana

DIREÇÃO DE ARTE
Tiago Rabello

REVISÃO
Débora de Freitas Dias

CAPA
Artesã Editora

PROJETO GRÁFICO E DIAGRAMAÇÃO
Conrado Esteves

Catalogação na publicação
Elaborada por Bibliotecária Janaina Ramos – CRB-8/9166

C577s
Cipriani, Giovanni

Sexualidade líquida: antropologia da sexualidade humana e comportamentos sexuais / Giovanni Cipriani. – Belo Horizonte: Artesã, 2024.

184 p.; 16 X 23 cm

ISBN 978-85-7074-100-4

1. Sexualidade. 2. Comportamento sexual. 3. Sexo. 4. Personalidade. 5. Antropologia. I. Cipriani, Giovanni. II. Título.

CDD 306.7

Índice para catálogo sistemático
I. Sexualidade

IMPRESSO NO BRASIL
Printed in Brazil

(31) 2511-2040 (31) 99403-2227
www.artesaeditora.com.br
Rua Rio Pomba 455, Carlos Prates - Cep: 30720-290 | Belo Horizonte - MG
/artesaeditora

AGRADECIMENTOS

Agradeço aos amigos
Aurélio Aparecido Miranda
e Célio Amaro de Souza
pelas sugestões.

SUMÁRIO

PREFÁCIO

"*Macho e fêmea os criou*" (Gn 1,27). Desde o início, o homem teve consciência de que, na natureza, existem somente dois sexos biológicos: macho e fêmea, dois sexos caracterizados pela "diferença" e "complementariedade".

Esse princípio, hoje, está sendo muito discutido. A "biologia" inscrita no ser humano é questionada, e as relações estáveis são contestadas.

Numa *sociedade líquida*[1], até a sexualidade se torna *sexualidade líquida*. A "normalidade" não é definida em relação à natureza. Faltando pontos de referência, tudo se torna relativo, tudo é questionado.

A sexualidade não escapa desse relativismo, sendo muito debatida: o que é normal e o que é anormal? As respostas mudam por conta de crenças culturais e religiosas e devido a reflexões filosóficas e estudos psicoantropológicos.

Até o século XIX, na sexualidade, tudo o que não era "normal" era considerado "perversão" e "doença", devendo ser reprimido e curado. A partir da segunda metade do século XX, o "diferente" tornou-se um dos elementos constitutivos da sexualidade. Assim, é questionado seu finalismo procriativo, além de reclamada e reivindicada aquela pluralidade de escolhas, identidades, gostos, comportamentos e preferências pessoais que, nos discursos científicos do século XIX e até a segunda metade do século XX, era definida como "perversões"[2].

---

1 ZYGMUNT, BAUMAN. **Modernidade Líquida**. Rio de Janeiro: Zahar, 2021. ZYGMUNT BAUMAN. *Amor Líquido: Sobre a Fragilidade dos Laços Humanos*. Rio de Janeiro: Zahar, 2003.

2 WEEKS, Jeffrey. **Sexuality**. New York: Routledge, 1986; GIDDENS, Anthony. **The Transformation of Intimacy. Sexuality, Love and Eroticism in Modern Societies**.

O que é "normal" e o que é "desviante" na sexualidade? A finalidade deste livro é contribuir para o debate científico em curso sobre o comportamento sexual, oferecendo ao leitor elementos científicos básicos para entrar em um assunto muito discutido e, ainda, pouco conhecido (cientificamente). Além disso, busca-se responder algumas perguntas como: Existe uma sexualidade "normal"? Como definir "normal" ou "anormal" um comportamento sexual? As respostas nos ajudam a compreender as pessoas, a não julgá-las e a respeitá-las, ao mesmo tempo que nos auxiliam a entender o valor antropológico da sexualidade para a maturidade humana e para relacionamentos maduros.

Giovanni Cipriani
giovcipr@gmail.com

Cambridge: Polity Press, 1992; Hawkes, Gail. **A Sociology of Sex and Sexuality**. Open University Press: Buckingham-Philadelphia, 1996.

1. ANTROPOLOGIA DA SEXUALIDADE HUMANA

Diante de uma *sexualidade líquida*, até os fundamentos antropológicos da sexualidade são desafiados. Um melhor entendimento da antropologia da sexualidade humana nos ajuda a ter uma compreensão mais científica dos problemas particulares relativos ao comportamento sexual.

1.1. A sexualidade na mitologia

A mitologia sempre descreveu a sexualidade no "feminino". De fato, nas várias culturas antigas, a sexualidade é sempre representada por uma deusa. Esse cenário é um elemento importante para entender a sexualidade; ela é "fêmea" e "deusa", isto é, algo que está além do humano, das nossas forças.

O homem, desde sempre, quando se encontra diante de algo mais poderoso que ele, invoca o "divino". Ele sente que deve conquistar sua benevolência para não ser punido e ficar prejudicado. Ele sente, pelo "divino", *atração* e *medo* ao mesmo tempo[3]. Por quê? Porque, quando

[3] "Fascinante e tremendo" são as duas principais categorias descritas por R. Otto em sua obra "O sagrado": *misterium fascinans e mistyerium tremendum* (mistério que fascina e que assusta ao mesmo tempo). O *sagrado*, o *religioso*, dizia o teólogo luterano, estudioso da fenomenologia da religião, se apresenta como o *luminoso*. Um 'luminoso' que atrai e assusta. *Fascinans* e *Tremendum*, entre estas duas dimensões está o sentido do *mistério* que caracteriza a relação do homem com o *numinoso* (= divino). Neologismo cunhado por Otto: a experiência do "totalmente outro" por um lado atemoriza e repele (é o momento do *tremendum*) e, por outro, fascina e atrai (é o

o homem invoca o divino (deus ou deusa), significa que ele está diante de algo mais poderoso do que ele, e isso provoca, nele, um sentimento de atração e medo, porque do divino depende sua sorte.

É isto que acontece com a sexualidade: todos nós nos sentimos atraídos por ela, mas, ao mesmo tempo, percebemos que ela é uma força superior a nós mesmos, e a nossa vida depende da maneira pela qual nos relacionamos com ela.

Deusa-Sexualidade

Na mitologia, a sexualidade é personificada na veste de uma deusa-feminina que gera vida. O rosto e o corpo dessa personificação podem ser vistos na arte, como na Vênus de Botticeli, de Ticiano e de outros artistas. Um detalhe chama a nossa atenção: a maioria das representações da deusa-mulher-sexualidade são nuas. Esse é um fato importante e que, talvez, quer nos dizer que, para compreender a sexualidade, devemos nos despojar dos nossos preconceitos, das nossas categorias mentais, da nossa malícia, e nos apresentarmos "nus" diante da vida[4].

A cultura clássica latina retrata a sexualidade "nua" na deusa Vênus. Indo à raiz do termo, descobrimos que "Vênus" (do latim: *Vênus-Veneris*)[5], além de ser um nome próprio, é um substantivo que significa *beleza*, *formosura*, *graça*[6], ou seja, algo que nos atrai, que é bonito, que desperta atração. Vênus, como substantivo, significa também *amor sexual*, acasalamento, gozo amoroso.

Além disso, sabemos que a raiz *vên* gera o substantivo "*vênia*", que quer dizer consentimento, perdão ("peço vênia", nós dizemos). Vênia significa também favor, permissão, indulgência, graça (no sentido de pedir "graça"). A raiz *vên* gera também o verbo latim *véneror* (venerar, adorar, reverenciar, suplicar, implorar etc.). Será uma coincidência que

---

momento do *fascinosum*). É o "irracional" e o "racional", dois aspetos que coexistem no sentimento religioso (Rudolf Otto, *O Sagrado*, 1917).

4 O Gênesis nos diz que Adão e Eva estavam nus e não se envergonhavam disso. Depois do pecado, a malícia entrou em seus corações, e eles perceberam que estavam nus, ficaram com vergonha e se cobriram (Gn 3,7).

5 Deusa da beleza, esposa de Vulcano e mãe de Cupido (= amor).

6 O latim *venus*, *veneris* = ao português *venusto*, *beleza*, *graça* etc.

"venerar" vem da mesma raiz que "vênus"? E que do "vênus" deriva "venerar", verbo que nos leva ao culto da divindade?

Sempre da raiz *vên* deriva a palavra latina *venenum* (veneno), que significa: "veneno" (algo que mata), "filtro mágico" (algo que transforma) e tinta, cor, enfeito (portanto maquiagem, máscara). Então, na mitologia latina, a deusa-sexualidade expressa beleza, atração, prazer sexual, graça, veneração, veneno, maquiagem.

Na mitologia grega, a deusa-sexualidade, a deusa do amor e da beleza é Afrodite. A raiz da palavra "Afrodite" é *Afros*, que, no grego antigo, significa "espuma" e se refere ao nascimento de Afrodite. Segundo uma das lendas, ela nasceu da espuma que os genitais do deus Urano levantaram uma vez lançados ao mar pelo filho[7].

A esposa de Urano (deus do céu) é Gea (deusa da terra). "Urano" significa céu estrelado, firmamento celestial; e Gea (ou Gaia), terra. Portanto, Afrodite é filha do céu e da terra. Essas duas divindades primordiais — Urano (o céu) e Gea (a terra) — geravam filhos, e Urano os devorava por medo de que alguns deles o destronasse. Gea reagiu e deu a um dos filhos, que ela tinha escondido, uma foicinha, dizendo: *Quando seu pai voltar e vier para fazer amor, você vá depressa e corta seus órgãos genitais*. O filho fez o que sua mãe tinha dito e jogou os órgãos genitais no mar. O impacto entre os genitais e a água levantou uma espuma (*afros*), da qual nasceu Afrodite.

A deusa do amor, portanto, vem dos primeiros elementos naturais: o céu, a água, o sal, o esperma e o sangue. Tudo isso é contido na palavra que chamamos de "amor" (Afrodite).

A "mulher sexualidade" é, dessa forma, a "grande mãe" de tudo. É a origem da vida, a centelha da geração. Ela é também "prazer", e, sem o prazer que ela dá aos homens, nenhum de nós teria vindo ao mundo.

Mas a mulher sexualidade (Afrodite) sabe que seu filho *Eros* (deus do amor e do desejo) foi envenenado e não morreu somente porque era um deus (um deus não pode morrer); porém, o veneno o transformou em vício aos olhos de todos. Então, ela reconhece que os homens sempre a respeitam porque ela é a "geradora", a fonte da vida,

---

7 Urano (em grego antigo: Οὐρανός) era, na mitologia, o deus supremo. A mutilação de Urano por Cronos foi representada pelo pintor Giorgio Vasari (séc. XVI).

mas, ao mesmo tempo, a consideram um vício, uma perversão. Por isso, os homens sentem a necessidade de recorrer a algo de superior, ao "deus", à religião, às normas morais para harmonizar as duas partes que estão dentro deles: a "geradora" e a "voracidade" (vício, destruição)[8].

Moral da lenda: o eros, por sua natureza, busca o outro, mas ele sabe que dentro de si há também uma força destruidora que precisa ser direcionada para não destruir o outro. Isso quer dizer que nós não podemos "escutar" somente as "razões" de nosso próprio corpo (os impulsos); devemos ser capazes de escutar também as razões do corpo daquele com quem nos relacionamos (respeitar sua dignidade). A escuta apenas das razões do próprio corpo pode nos levar para comportamentos contrários à dignidade do outro, como exploração sexual, abusos, violências etc. Nós precisamos da "deusa-razão" que frea a voracidade do nosso "eros" e o leve ao respeito do outro. Essa luta entre "eros" e "vício" está dentro de nós. É a verdade da nossa vida. O equilíbrio, nós o encontramos na ética, que não deve reprimir o "eros", mas deve orientá-lo a partir do "logos" (da razão, da ética) e do "Logos" eterno, que é Deus.

Caos e Logos

A partir do que foi dito até aqui, vemos que a sexualidade, na mitologia, representa a força geradora que existe desde o início. Ela é o *caos*, o caos criador, gerador, energia indistinta, o desejo informe. "Caos", porém, não significa apenas desordem, mas, antes disso, "caos" significa abismo, espaço vazio, escuro, grande útero, o útero primordial de onde todas as coisas nascem. E não é por acaso que tanto a cultura grega[9] quanto a bíblica[10] colocam o "caos" à origem da vida.

A sexualidade, então, é uma energia positiva e necessária que não pode ser eliminada ou reprimida porque faltaria vigor à criação. Ela deve ser orientada para a vida, e não para a destruição; não pode ser deixada a si mesma como um cavalo sem cabresto ou um carro

---

8 Cf. MANCUSO, Vito. **La sessualità nelle religioni**, Genova, Sala del Maggior Consiglio Palazzo Ducale, 13 febbraio 2017.

9 Cf. ESIODO, *Togonia*, 116.

10 "*A terra era sem forma e vazia*" (Gn 1,2).

sem freios porque causaria detrimentos enormes. Pensemos nas consequências de um carro que roda em alta velocidade, sem motorista e sem freios! O que nós chamamos de "motorista", a cultura grega — a grande mãe da nossa cultura, do nosso pensamento, das nossas categorias — chama de *logos*, mente, razão.

A vida, então, é uma dialética entre *caos* (energia) e *logos* (razão). A harmonia entre as duas realidades cria o *pathos*, a paixão, que é o componente essencial da sexualidade. Paixão no duplo sentido: algo que atrai (energia) e algo que faz sofrer (os médicos chamam os doentes de "pacientes", porque eles têm *pathos*, eles sofrem).

A sexualidade, portanto, no seu aspecto melhor (de *logos*) expressa união, intimidade, vontade de ser "um" entre as pessoas que se amam[11]. E ela encontra na ética um suporte indispensável, pois uma converge na outra, ambos dizem a mesma coisa: dizem relacionamento, harmonia, união, beleza. O *eros* (sexualidade) vive a sua melhor expressão quando se deixa orientar pelo *logos* (razão).

Eros e logos: harmonia perfeita

A arte, porém, intuiu que, às vezes, o discurso pode ser mais complexo e que, por trás da ética, pode haver intolerância, fechamento mental. E, por trás da nudez da sexualidade, pode haver inocência, jovialidade, atração. Exemplo é a pintura de Ticiano chamada de *Amor Sagrado* e *Amor Profano* (ou *Vênus e a donzela*), realizada por volta de 1515. Na pintura, há duas mulheres sentadas numa fonte de mármore esculpida: uma à direita; e outra, à esquerda. No centro, uma criança mergulha a mão na fonte. A mulher da direita está quase totalmente nua, e a mulher da esquerda está totalmente vestida, até usando luvas. As mulheres, de beleza única, são idênticas. Olhando para elas, surge a pergunta: Quem delas representa o "amor sagrado" e quem representa o "amor profano"? Nós, imediatamente, diríamos que quem retrata o amor sagrado é a mulher vestida, e quem retrata o amor profano é a mulher nua. "Vocês estão totalmente enganados", diria Ticiano. De fato, se olharmos bem a mulher nua — coberta apenas com um manto

---

11 "*...E eles se tornarão uma só carne*" (Gn 2,24).

púrpura (cor que identifica o carácter divino na arte renascentista) — vemos que ela tem um incensário na mão e que o fundo do quadro é brilhante. Por sua vez, a mulher vestida, ao contrário, está contra um fundo escuro, e até o olhar que se volta para o espectador tem algo escuro. A criança com asas, que está entre as duas mulheres, poderia ser *Cupido*, símbolo do princípio da harmonia. Isso quer dizer que as duas formas de amor, apesar das diferenças, são uma só essência.

A fonte, olhando bem de perto, é um sarcófago, e a água é preta. Ticiano, já muito tempo antes de Sigmund Freud, intuiu a ligação entre *eros* e *thanatos* (amor e morte) contida na sexualidade. Isso é confirmado pelo fato de que a mulher do "amor sagrado" e a mulher do "amor profano" são a mesma mulher; elas têm o mesmo rosto.

"*A oposição cria concordância. Da discordância vem a mais perfeita harmonia*", dizia Heráclito de Éfeso. As mais belas harmonias são criadas por teclas discordantes entre elas (agudo e grave, por exemplo). Assim acontece entre "eros" e "logos", entre desejo sexual e ética: elas discordam, contrastam, não há dúvidas, mas, na harmonia das duas, na colaboração, podem nascer as mais belas harmonias em nossa vida.

Eros, a energia que atrai e une.

Na mitologia, *Eros* é a personificação da força atrativa da natureza que concretiza a união dos elementos e dos seres entre si, assegurando, portanto, a coesão do universo e a perpetuidade das espécies. Por isso, ele também é, para os gregos, o deus da atração amorosa[12] .

As cosmogonias mais antigas fazem sair *Eros* diretamente do Caos primitivo, contemporaneamente ou imediatamente depois de Gaia (a Terra). Outra lenda o faz nascer do *Ovo* primordial gerado pela "Noite"[13], que, dividindo-se em duas metades, com uma forma a Terra e com a outra, o Céu. Ele está acima da terra e, como uma tampa, a cobre. Pela lenda, *Eros*, então, seria filho do *Caos* e da *Noite*[14].

---

12 Correspondente ao *Amor* ou *Cupido* dos romanos.

13 Segundo algumas mitologias, o *Ovo cósmico* é o caso em que o universo, ou algum ser primordial, passa a existir pela eclosão de um ovo.

14 Cf. Ciro A. R. Abilitato, *Vita, Amore e Morte nei miti greco-italici*, http://www.serenusbloom.it/sb/?p=2235. Acesso em: 26 mar. 2016.

Na mitologia, temos mais duas versões sobre o nascimento de *Eros*. Numa delas, *Eros* é apresentado como filho de Ares, o deus da força destruidora, e de Afrodite, a deusa do amor. *Eros* encarna as características de ambos os genitores: possui a energia destruidora de pai e o desejo passional de relacionamento da mãe Porné (Afrodite), a padroeira das meretrizes. *Eros*, então, representaria as duas faces do amor: *paixão* e *morte*. A deusa Afrodite é apresentada como a insaciável: ela está continuamente em busca de envolvimentos afetivos, que nunca a deixam satisfeita; por isso, ela é o retrato da sexualidade que pode tanto fecundar como destruir[15].

Alguns autores de cosmogonias, escritores e poetas fizeram de *Eros* o deus do amor puro e simples. *Eros* começou, assim, a ser imaginado como o mais jovem dos deuses e representado como uma bela criança segurando uma tocha. É a criança divina que apaixona os que se deixam inflamar pelo seu fogo; é a criança que bagunça os corações e faz arder de paixão os atingidos pela chama de sua tocha. Assim, *Eros* é um deus eternamente criança, amado, mas também temido por todos.

Platão, em vez de descrevê-lo como uma poderosa divindade olímpica, o retrata como um "demônio sempre inquieto", astuto e engenhoso, sempre insatisfeito e, portanto, constantemente à procura de algo que possa apagar seus desejos maléficos. No *Simpósio* — diálogo sobre o tema do amor —, Sócrates, relatando um discurso de Diotima, sacerdotisa de Mantinea, apresenta *Eros* nem belo nem bom. Mas isso não significa que deva ser considerado feio ou mau, e sim que deve ser visto como algo entre o belo e o feio, entre o bom e o mau, entre o conhecimento e a ignorância, entre o certo e o errado e entre o mortal e o imortal. Por isso, ele é um "grande demônio". Se assim não fosse, tudo ficaria desligado, separado. *Eros* é o "demônio" que, por natureza, se coloca entre as duas realidades que parecem opostas e inconciliáveis, porque ele, faltando um pouco de uma e um pouco da outra, tenta preencher seu vazio levando as duas realidades a se juntar, a se acoplar.

---

15 Essa insatisfação do instinto sexual é expressa tão bem pelo poeta D. Alighieri com a alegoria da loba: "*Dopo 'l pasto ha più fame che pria*" ("*Que os apetites seus jamais sacia*"), Inferno, I,98.

Eros, portanto, atrai e leva para a completeza, mas, uma vez conseguido seu intento, volta a se sentir insatisfeito. Isso acontece porque as realidades terrenas são imperfeitas e nunca chegam à perfeição. Para explicar essa imperfeição, a sacerdotisa Diotima conta a Sócrates que *Eros* foi concebido por *Penìa* (a *Pobreza*), a qual se juntou a *Pòros* (a *Abundância*)[16].

O mito do nascimento de *Eros* explica, dessa forma, sua natureza e seu caráter. Embora tenha sua própria personalidade, ele possui e expressa sempre algo de seu pai e de sua mãe. Do *Penía* ele herdou a eterna insatisfação, por isso está sempre em busca do que lhe falta; enquanto da *Póro* herdou a plenitude. Então, ele é algo de "incompleto" (o que o leva a procurar a outra parte) e alguma coisa que faz dele um ser totalmente completo. O caráter distintivo e próprio de *Eros* é, portanto, a força catalisadora das uniões, o intermediário entre a plenitude e o vazio, entre o tudo e o nada, o humano e o divino.

Sempre seguindo a mitologia, o termo grego *penìa* significa "incompleto, ausência, pobreza"; do termo deriva a palavra *pènes* (pênis), o qual etimologicamente quer dizer "incompleto". Assim, o termo "pênis", órgão sexual masculino, por sua natureza e forma, expressa o que lhe falta, a ausência, a "incompletude". Essa incompletude consiste em ser separado do que deve contê-lo: ele é o *cheio* faltante do *vazio*.

Póros, por outro lado, significa "abertura, passagem" e, por extensão, útero. Como tal, é o que deixa passar, o que conecta, o que acolhe; é "o caminho ou meio de entrada" e, portanto, significa também "fruto". Consequentemente, o órgão sexual feminino é, por sua natureza e forma, expressão de tudo o que lhe falta, é a "incompletude". Essa incompletude consiste em ser separado daquilo que deve preenchê-lo: ele é o *vazio* faltante do *cheio*.

Cheio e *Vazio* são, desse modo, duas realidades incompletas e complementares, cada uma sempre à busca da outra. Elas permaneceriam

---

16 Segundo a mitologia, no dia em que Afrodite nasceu, os deuses deram uma festa em sua homenagem. No banquete divino, Póros, ordenado pelo Rei dos deuses, bebeu tanto néctar que ficou bêbado e foi se deitar no jardim de Zeus. Penía (pobreza) veio mendigar na festa e, vendo Póros bêbado e dormindo, mas lindíssimo, se apaixonou por ele e imediatamente quis se deitar com ele na esperança de engravidar. Penía realmente ficou grávida e, dessa união, nasceu *Eros*, o Deus do Amor.

separadas se sua união não se tornasse possível por *Eros*. Todo ser, no universo, é completo e incompleto em si mesmo: a natureza masculina tem algo de feminino, e a feminina tem algo de masculino. E ambas precisam uma da outra para se completar naquilo que lhes falta. *Eros*, então, não é apenas a força primordial destruidora, mas também a força fundamental da natureza que garante a unidade e a complementariedade do ser humano[17].

No *Simpósio*, Pausânias esclarece também a Sócrates que existem dois tipos de amor: o *Amor Urânio* (espiritual, criador) e o *Amor Pandèmio* (carnal, destruidor). A diferença entre os dois é que, enquanto o primeiro transcende a realidade corporal, o segundo é mais orientado para o corporal, para a sensualidade. Os dois coabitam no homem, e seu dever é pôr equilíbrio entre eles: entre os dois amores, entre a "carne" e o "espírito", gerando harmonia, bem-estar e saúde no homem.

1.2. A sexualidade na cultura bíblica

A interpretação da sexualidade na cultura bíblica é particularmente interessante para compreender seu significado antropológico, pois é uma leitura que remonta a cerca de quatro mil anos.

Lendo a Bíblia, a primeira coisa que chama a atenção é o fato de a sexualidade ser uma realidade a qual carrega um significado que vai além de sua função generativa[18]. Os dois primeiros capítulos do Gênesis, com uma narração mítica e simbólica a qual nós devemos decodificar, apresentam-nos uma leitura antropológica da humanidade[19]. Deus cria o mundo e a humanidade numa semana. O

---

17 "*Eros* é, em suma, uma potência inexplicável e necessária; portanto, um gênio. E, nesse aspecto, é um ser amoral: é uma força fundamental, jovem, cega; o seu agir não tem como pressupostos nem memória nem conhecimento, sendo determinado unicamente por sua pura vontade" (Cicero, *De Natura Deorum - A natureza dos deuses*).

18 A interpretação católica da sexualidade na Bíblia mudou ao longo dos anos, especialmente após o Concílio Vaticano II; hoje, ela não é a mesma dos séculos passados.

19 Gn 1-11.

adam (o terrestre), aquele que é tirado da *adamá* (= chão cultivável), é criado no sexto dia.

"Deus criou o *terrestre* (o ser humano) à sua imagem; à imagem de Deus o criou. Homem e mulher os criou. E Deus os abençoou e disse-lhes: 'Sede fecundos e multiplicai-vos'"[20]. Esse é o texto mais importante para a compreensão do significado da sexualidade na Bíblia. O homem é criado à imagem de Deus, e, quando essa imagem é gravada no *terrestre*, diante de Deus estão o "homem" e a "mulher". A Bíblia não diz que o homem realiza a imagem de Deus somente quando encontra a mulher, assim como não diz que, apenas quando juntos, a mulher e o homem realizam a imagem de Deus. Diz, porém, que o homem (o macho) é criado à imagem de Deus, a mulher (a fêmea) é criada à imagem de Deus e que, juntos, eles realizam a imagem que Deus enxertou naquele *adamá*, naquele "pó da terra"[21] do qual tirou o homem.

Essa narração quer nos dizer que o *terrestre* (o ser humano) se realiza plenamente quando entra em relação com a "alteridade", a parte diferente e complementar de si. O homem encontra a alteridade na mulher, e a mulher a encontra no homem. Essa relação entre homem e mulher é também um reflexo da "imagem" de Deus, que é "relação". Deus nunca é mônada, fechado em si mesmo.

A natureza relacional homem-mulher é bem expressa em Gn 1,27-28: "Deus criou o *terrestre* à sua imagem, à imagem de Deus *o* criou. Macho e fêmea *os* criou". Observamos, assim, a particularidade do pronome pessoal, primeiro no singular e depois no plural: "o terrestre... *o* criou" (singular), "macho e fêmea *os* criou" (plural). Isso significa que o homem não é apenas criado diferente dos animais, ele é criado à "imagem de Deus" numa relação ontológica e estrutural com o outro diferente dele, o parceiro, que é sua própria carne na diferença de macho e fêmea. A unidade entre os dois (homem e mulher) não tem sua raiz em si mesmos, mas em Deus, porque eles são uma impressão, uma imagem de Deus, que é Amor. Isso quer dizer que, no homem e na mulher, estão impressos um desejo e um "chamado": buscar na

---

20 Gn 1,27-28.

21 Gn 2,7.

alteridade a própria plenitude, construir com a alteridade uma história de amor, pois Deus é Amor.

Por isso, sobre a relação afetivo-sexual macho-fêmea não podemos ter nenhuma visão cínica ou negativa, pois ela é abençoada por Deus. De fato, o texto, enquanto sobre a criação da natureza e dos animais diz que "era bom", sobre a criação do homem diz que "era muito bom"[22]. Relacionamento afetivo-sexual entre parceiros distintos e complementários é o significado antropológico da sexualidade na Bíblia: diferença ontológica entre homem-mulher, chamados a um relacionamento amoroso-sexual e criativo abençoado por Deus[23].

Homem e mulher: distintos e complementares

Ao lado dessa narração bela, poética e teológica da criação da humanidade, que remonta ao século V a.C., há outra em que o autor bíblico nos dá a mesma verdade inscrita na criação homem-mulher, mas numa visão mais existencial[24]. Essa segunda narração nos diz que Deus criou o homem, mas ele, sempre numa linguagem mítica, é como o "não feito", o "não completo". No rosto do homem, aparece a tristeza da solidão, e ele não sabe o que é "ser feliz", pois não encontra a felicidade nem na natureza nem nos animais. Deus percebe tudo isso e diz: "Não é bom que o homem esteja só"[25], que seja "não completo", "vou providenciar um auxílio que lhe corresponda"[26].

O relato do Gênesis diz que Deus colocou o homem "não completo" para dormir e o cortou ao meio[27], "e do lado que tomara do homem o Senhor Deus formou a mulher"[28] e a apresentou ao homem. E, de repente, aquele homem "não completo" exclama alegre:

---

[22] Gn 1,31. O termo grego "bom" significa também "belo": "*Era muito belo*".

[23] "*E Deus os abençoou e disse-lhes: 'Sede fecundos e multiplicai-vos'*" (Gn 1,28).

[24] Gn, 2-3.

[25] Gn 2,18.

[26] Ibidem. Literalmente seria: "vou colocar uma ajuda na frente dele". Mas os rabinos dizem que também pode ser traduzido como: "uma ajuda contra ele".

[27] "Tomou um lado". Nós estamos acostumados a traduzir como "costela". "A tradução "costela" se divulgou na Idade Média, mas não se sustenta" (CNBB, *Bíblia Sagrada*, 2019, Gn 2, nota 21).

[28] Gn 2,22.

ah... "desta vez, é osso dos meus ossos e carne da minha carne! Ela será chamada mulher, ela foi tirada do homem"[29]. Finalmente um parceiro igual a mim, alguém com quem entrar num relacionamento de par natureza e de par dignidade[30], relação garantida pela polaridade macho-fêmea, homem-mulher. Uma relação que não pode ser dominada pelo instinto, como acontece com os animais; no homem, a sexualidade não pode obedecer apenas ao impulso, pois ela tem um significado que vai além do biológico. Ela é diferente do sexo dos animais[31].

O relacionamento sexual entre homem e mulher é abençoado por Deus[32], mas precisa de muito cuidado, pois é um relacionamento que apresenta muitos obstáculos antes de alcançar seu objetivo. A sexualidade não pode ser reduzida simplesmente ao impulso, precisando de disciplina, de autodomínio. O homem pode fazer da sexualidade um lugar de criatividade, de beleza e de arte, mas também um lugar de alienação e de domínio.

O homem e a mulher são chamados a amar, a construir uma história de amor, mas essa história, como a da sexualidade, é muito acidentada. O que a Bíblia nos diz com uma narração mítica, as ciências humanas confirmam com suas teorias.

1.3. Sexualidade e ética

Tanto na mitologia quanto na literatura bíblica, vimos que a sexualidade é uma pulsão, uma energia que pode "criar", mas também destruir. Por isso, ela, como pulsão, não pode ser deixada a si mesma, precisando de orientação e de normas éticas. Da colaboração entre sexualidade e ética "*nasce a mais bela harmonia*". É isso que o Papa Bento XVI explica numa linguagem muito clara na Encíclica *Deus caritas est*.

---

29 Gn 2,23. Literalmente seria: "se chamará 'ichà', porque do 'isch' (terreno) ela foi feita".

30 A primeira palavra do homem é uma palavra de alegria, comunhão, agradecimento.

31 Cf. ENZO BIANCHI, *Letture cristiane della sessualità oggi*, Sala del Maggior Consiglio, 20 febbraio 2017.

32 Gn 1,28.

O eros precisa de disciplina para não degenerar em vício.

O *eros*, como vimos, é uma energia que deve ser conduzida para alcançar sua natural finalidade, não podendo ser deixada a si mesma como um cavalo sem cabresto.

Ao amor entre homem e mulher, que não nasce da inteligência e da vontade, mas, de certa forma, impõe-se ao ser humano, a Grécia Antiga deu o nome de *eros*[33]. Segundo Friedrich Nietzsche, o cristianismo teria dado veneno a beber ao *eros*, que, embora não tivesse morrido, daí teria recebido o impulso para degenerar em vício[34]. Esse filósofo alemão exprimia, assim, uma sensação muito generalizada: Com os seus mandamentos e proibições, a Igreja não nos torna, porventura, amarga a coisa mais bela da vida? Porventura, ela não assinala proibições precisamente onde a alegria, preparada para nós pelo Criador, nos oferece uma felicidade que nos faz pressentir algo do Divino?

Mas será mesmo assim? O cristianismo destruiu verdadeiramente o *eros*?

Vejamos o mundo pré-cristão. Os gregos viram, no *eros*, sobretudo o inebriamento e a submissão da razão por uma "loucura divina" que arranca o homem das limitações da sua existência e, nesse estado de transtorno (por uma força divina), faz-lhe experimentar a mais alta beatitude. Desse modo, todas as outras forças, quer no céu, quer na terra, se tornam impotentes: "*Omnia vincit amor* - o amor tudo vence", afirma Virgílio nas *Bucólicas* e acrescenta: "*Et nos cedamus amori*" (nós também cedemos ao amor)[35]. Nas religiões, essa posição traduziu-se nos cultos da fertilidade, aos quais pertence a prostituição "sagrada" que prosperava em muitos templos. O *eros* foi, pois, celebrado como força divina, como comunhão com o Divino.

A essa forma de religião, que contrasta com uma fortíssima tentação com a fé no único Deus, o Antigo Testamento opôs-se firmemente, combatendo-a como perversão da religiosidade. Ao fazê-lo, porém,

---

[33] Bento XVI, *Deus caritas est*, 2005, 3-5. Citação integral e *ad literam* do texto.

[34] NIETZSCHE, Friedrich W. **Além do Bem e do Mal**: Prelúdio a uma Filosofia do Futuro. São Paulo: Companhia das Letras, 1886.

[35] Virgílio, *Bucólicas*, X, 69.

não rejeitou de modo algum o *eros* enquanto tal, mas declarou guerra à sua subversão devastadora, porque a falsa divinização do *eros*, como aí se verifica, priva-o da sua dignidade, desumanizando-o. De fato, no templo, as prostitutas, que devem dar o inebriamento do Divino, não são tratadas como seres humanos e pessoas, mas servem apenas como instrumentos para suscitar a "loucura divina": na realidade, não são deusas, mas pessoas humanas de quem se abusa. Por isso, o *eros* inebriante e descontrolado não é elevação, "êxtase" até ao Divino, mas queda, degradação do homem. Fica, assim, claro que o *eros* necessita de disciplina e de purificação para dar ao homem não o prazer de um instante, mas uma certa amostra do vértice da existência, daquela beatitude para que tende todo o nosso ser.

Dois dados resultam claramente dessa rápida visão sobre a concepção do *eros* na história e na atualidade. O primeiro é que entre o amor e o Divino existe uma ou alguma relação: o amor promete infinito e eternidade, uma realidade maior e totalmente diferente do dia a dia da nossa existência. E o segundo é que o caminho para tal meta não consiste em se deixar simplesmente subjugar pelo instinto. São necessárias purificações e amadurecimentos, que passam também pela estrada da renúncia. Isso não é rejeição do *eros*, não é o seu "envenenamento", mas a cura em ordem à sua verdadeira grandeza.

Amor: cuidado do outro e pelo outro.

O Papa Bento continua com uma pergunta: "*Como deve ser vivido o amor para que se realize plenamente a sua promessa humana e divina?*". E responde[36]:

Encontramos uma primeira indicação importante no *Cântico dos Cânticos*, um dos livros do Antigo Testamento bem conhecido dos místicos. Segundo a interpretação hoje predominante, as poesias contidas nele são originalmente cânticos de amor, talvez previstos para uma festa israelita de núpcias, nos quais deviam ser exaltado o amor conjugal. Nesse contexto, é muito elucidativo o fato de, ao longo do livro, encontrarmos duas palavras distintas para designar o "amor".

---

[36] Bento XVI, *Deus caritas est*, 2005, 6. Citação integral e *ad literam* do texto.

Primeiro, aparece a palavra "*dodim*", um plural que exprime o amor ainda inseguro, numa situação de procura indeterminada. Depois, essa palavra é substituída por "*ahabà*", que, na versão grega do Antigo Testamento, é traduzida pelo termo de som semelhante "*ágape*", o qual se tornou o vocábulo característico para a concepção bíblica do amor. Em contraposição ao amor indeterminado e ainda em fase de procura, esse termo exprime a experiência do amor que, nesse momento, se torna verdadeiramente descoberta do outro, superando, assim, o caráter egoísta que antes claramente prevalecia. Agora o amor torna-se *cuidado do outro e pelo outro*. Já não se busca a si próprio e a imersão no inebriamento da felicidade; procura-se, ao invés disso, o bem do amado: converte-se em renúncia, e há disposição do sacrifício.

Sua promessa visa ao definitivo, o amor visa à eternidade. Sim, o amor é "êxtase", não no sentido de um instante de inebriamento, mas como caminho, como êxodo permanente do *ego* fechado em si mesmo para a sua libertação no dom de si e, precisamente dessa forma, para o reencontro de si mesmo, mais ainda para a descoberta de Deus.

Do eros ao ágape

Quando o *eros* se esquece de si e busca a alegria do outro, ele se transforma em **ágape**[37]. Emboram, inicialmente, o *eros* seja, sobretudo, ambicioso, ascendente — fascinação pela grande promessa de felicidade — em seguida, à medida que se aproxima do outro, far-se-á cada vez menos perguntas sobre si próprio, procurará sempre mais a felicidade do outro, preocupar-se-á cada vez mais com ele, doar-se-á e desejará "existir para" o outro. Assim, se insere nele o momento do *ágape*; caso contrário, o *eros* decai e perde mesmo a sua própria natureza.

Por outro lado, o homem também não pode viver exclusivamente no amor oblativo, descendente. Não pode se limitar sempre a dar, deve também receber. Quem quer dar amor deve recebê-lo em dom. Certamente, o homem pode — como nos diz o Senhor — tornar-se uma fonte de onde correm rios de água viva (cf. *Jo* 7,37-38), mas, para se tornar semelhante fonte, deve ele mesmo beber incessantemente da

---

[37] Bento XVI, *Deus caritas est*, 2005, 7-8. Citação integral e *ad literam* do texto.

fonte primeira e originária, que é Jesus Cristo, de cujo coração trespassado brota o amor de Deus (cf. *Jo* 19,34).

No fundo, o "amor" é uma única realidade, embora com distintas dimensões; caso a caso, pode uma ou outra dimensão se sobressair mais. Mas, quando as duas dimensões se separam completamente uma da outra, surge uma caricatura ou, de qualquer modo, uma forma redutiva do amor. A fé bíblica não constrói um mundo paralelo ou um mundo contraposto àquele fenômeno humano originário que é o amor, mas aceita o homem por inteiro, intervindo na sua busca de amor para purificá-la, desvendando-lhe ao mesmo tempo novas dimensões.

2. "MACHO E FÊMEA OS CRIOU"

"*Macho e fêmea os criou*"[38]. Nessas poucas palavras, está definida a natureza da pessoa: o ser macho ou fêmea (XX ou XY) é uma dimensão constitutiva do indivíduo inscrita no seu DNA. O sexo genético está inscrito no nosso DNA. Dele se forma a *identidade sexual*, que é o jeito da pessoa de ser, de se manifestar, de se relacionar com si mesma, com os outros seres humanos e com seu ambiente.

Falar de *sexo* é falar de biologia ou do fundamento biológico da sexualidade [39]. Por sua vez, discorrer sobre *sexualidade* é dizer como o sexo genético se expressa na vida intrapsíquica e extrapsíquica da pessoa. Já falar da *sexualidade humana* é falar, ao mesmo tempo, do biológico, do psíquico, do social e do espiritual da pessoa, pois a sexualidade envolve o desenvolvimento integral da pessoa[40].

2.1. Fundamento biológico da sexualidade

Pela genética sabemos que, desde a concepção, somos machos ou fêmeas devido à presença de dois genes: XX ou XY, os quais constituem

---

38 Gn 1,27.

39 "Os termos sexo e sexual referem-se aos indicadores biológicos de masculino e feminino (compreendidos no contexto de capacidade reprodutiva), como cromossomos sexuais, gônadas, hormônios sexuais e genitália interna e externa não ambígua" (American Psychiatric Association, *Manual Diagnóstico e Estatístico de Transtornos Mentais*, DSM-5, Artmed, Porto Alegre, 2014, 'Disforia de gênero', p. 451).

40 O estudo da sexualidade (*Sexologia*) é uma matéria que requer uma preparação científica, profissional e interdisciplinar (genética, embriologia, biologia, anatomia, psicologia, sociologia etc.), pois, muitas vezes, é difícil determinar quando e em que medida certos fenômenos de observação comum no campo da sexualidade devem ser considerados normais e quando começa a anormalidade e a patologia.

o fundamento biológico do *sexo genético* [41]. Do sexo genético se desenvolvem o *sexo gonádico*, o *sexo hormonal*, o *sexo morfológico* e, ao longo do tempo, também o *sexo psíquico* em harmonia e em coerência com o genético, se não houver nenhuma interferência que mude o desenvolvimento natural.

Ninguém tem dúvida de que o sexo genético (XX ou XY) é uma realidade biológica, e não cultural, e de que ele não é alterável por nenhuma lei ou intervenção humana (cirúrgica ou hormonal). A medicina, o direito e a lei não têm como mudar a natureza biológica sexual da pessoa.

2.2. Sexo genético

Cada um de nós tem sua origem em duas células germinais: o *óvulo* e o *espermatozoide*. A fusão entre as duas dá origem a uma nova célula, chamada de *zigoto*. Essa nova célula é totalmente e "ontologicamente" diferente da soma das duas células originais[42], possuindo um DNA próprio.

Uma das 23 duplas que compõem o patrimônio cromossômico da espécie humana tem características diferentes no macho e na fêmea: XY no macho e XX na fêmea[43]. É o *sexo genético* da espécie humana, responsável pela codificação de proteínas envolvidas no desenvolvimento dos órgãos sexuais, dos caracteres sexuais secundários e de todas as outras expressões sexuais.

---

41 São esses genes que "falam" com certeza científica se uma pessoa é de sexo masculino ou feminino.

42 Na *fecundação*, acontece a fusão das duas membranas celulares e a "*fusão nuclear*", ou seja, a união dos pronúcleos. É nesse momento que ocorre o *milagre da vida*: os 46 cromossomos da nova célula não se tornam a soma dos cromossomos dos dois gametas (paterno e materno); eles têm um conteúdo genético próprio, diferente do da mãe e do pai, chamado *genoma*, que é a constituição genética ou o *código genético* do novo ser humano.

43 No organismo, é a presença do XX ou do XY que define se a pessoa é homem ou mulher. Tanto é que os cientistas, diante de "restos mortais" humanos fazem o exame de DNA para identificar se há um XX ou um XY e concluir se eles pertencem a um ser masculino ou feminino.

2.3. Sexo gonádico

O sexo *gonádico* (ou os *caracteres sexuais primários*) é o conjunto dos órgãos genitais (ou órgãos de reprodução), distintos no sexo masculino e no sexo feminino desde o início da vida embrionária, o que permite, nas diversas espécies, a diferenciação entre macho e fêmea. Tem seu fundamento nas variadas características histológicas da gônada: o sexo masculino possui tecido testicular, enquanto o feminino possui tecido ovariano; o *canal de Wolf* é próprio do homem, enquanto o *canal de Muller* é próprio da mulher.

2.4. Sexo fenótipo

O sexo *fenótipo* (sexo *genital* ou os *caracteres sexuais secundários*) é determinado pelas características dos genitais externos: pênis e testículos no homem, lábios e vagina nas mulheres; e pelos caracteres sexuais secundários, próprios do homem e da mulher, particularmente evidentes na puberdade, como pelos no corpo, tom de voz, desenvolvimento da musculatura nos homens e desenvolvimento dos seios nas mulheres, diferenciação entre o diâmetro biacromial no homem (largura dos ombros) e o diâmetro bitrocantérico na mulher (largura do quadril) etc[44].

As *características sexuais secundárias* são, indubitavelmente, um índice valioso para prever o desenvolvimento e a atividade funcional dos órgãos genitais e, em particular, a sua atividade hormonal à qual estão intimamente ligados. Porém, essas características secundárias não podem ser consideradas como elemento único e exclusivo da diferença sexual entre homem e mulher, pois os caracteres secundários nem sempre correspondem aos caracteres primários. No desenvolvimento das características sexuais secundárias, deve sempre ser levado em conta a influência de diferentes fatores hormonais e metabólicos.

[44] A natureza deu a cada sexo as características próprias em função do seu papel na sociedade: à mulher um quadril mais amplo para acolher a vida, e ao homem costas mais amplas para enfrentar trabalhos mais pesados.

2.5. Sexo psicológico

Cada indivíduo é tratado desde o nascimento, muitas vezes ainda dentro do útero, como macho ou fêmea, tendo como referência seus órgãos genitais. Este constitui o ponto de partida ou "ponto zero" para determinar a orientação sexual da pessoa: homem pela mulher, e a mulher pelo homem. No curso do desenvolvimento, porém, da primeira infância à idade madura, passando pela fase adolescente, a situação pode assumir conotações diferentes, e a identidade biológica (XX e XY) pode não ser refletida na orientação sexual da pessoa: a pessoa "sente" de ser "outra" do sexo biológico.

Essa percepção pessoal da própria sexualidade é chamada de *sexo psicológico*. "Sexo psicológico", então, é o gênero (masculino ou feminino) que a pessoa "sente" no próprio corpo; é a sua identificação primária como homem ou mulher, ou seu reconhecimento como pertencente ao gênero masculino ou feminino.

2.6. Alterações relacionadas aos cromossomos sexuais

O organismo humano possui, na normalidade, 46 cromossomos: 44 somáticos e 2 sexuais (ou germinais). Os sexuais determinam o sexo da pessoa, masculino ou feminino. Desde a fecundação, indivíduos com cromossomos XY são do sexo masculino, e indivíduos com cromossomos XX são do sexo feminino.

Porém, como pode haver uma alteração numérica nos cromossomos somáticos, assim podemos ter uma alteração numérica nos cromossomos sexuais:[45]

---

[45] Algumas das síndromes a seguir podem gerar não apenas anormalidades morfológicas sexuais, mas também distúrbios comportamentais.

Cromossomos	44 + 1:	X	= 45: Síndrome de Turner.
Cromossomos	44 + 2:	XX ou XY	= 46: normal.
Cromossomos	44 + 3:	XXY	= 47: Síndrome de Klinefelter.
Cromossomos	44 + 3:	XYY	= 47: Síndrome do duplo Y (ou do "Super macho").
Cromossomos	44 + 3:	XXX	= 47: Síndrome do triplo X (ou da "Super fêmea").

Outras alterações menos comuns são:

48 = XXYY (Síndrome do duplo macho);

48 = XXXY;

49 = XXXYY;

49 = XXXXY.

Essas alterações, geralmente, são erros que ocorrem durante a ovulogênese pela não disjunção dos cromossomos[46]. Elas não necessariamente puxam para uma orientação sexual oposta ao sexo genético[47].

2.7. Síndromes relacionadas aos cromossomos sexuais

Síndrome de Turner

A Síndrome de Turner (45 cromossomos), descrita por Turner em 1928, é uma anomalia citogenética e cromossômica que afeta apenas o sexo feminino. Chamada também *monossomia X*, é caracterizada pela falta do cromossomo X no par sexual: X0 em vez de XX. Relativamente ao "grau" da síndrome, entre os outros sintomas, a mulher carece de ovários férteis (ausência de puberdade, infertilidade), apresenta estatura baixa e pode ter problemas no desenvolvimento e dificuldade de aprendizagem.

46 *Ovulogênese* ou *ovogênese* é chamado o processo no qual acontece a formação dos óvulos.

47 Existem outras patologias genéticas, cerca de setenta, algumas foram descobertas há pouco tempo, outras ainda não foram descobertas. Elas podem criar problemas existenciais à pessoa.

Síndrome de Klinefelter

A Síndrome de Klinefelter é uma anomalia citogenética e cromossômica que acomete apenas o sexo masculino. Descrita pela primeira vez em 1942, somente em 1959 foi identificada a alteração genética que a caracteriza: a presença de um cromossomo sexual "X" a mais. Assim, o indivíduo klinefelter tem um patrimônio cromossômico caracterizado pelo código XXY, em vez do XY.

A anomalia se manifesta na idade puberal e apresenta algumas características físicas, como testículos pequenos, pênis de tamanho reduzido, oligospermia (função testicular reduzida)[48] ou aspermia (ausência de espermatozoides no ejaculado), mamas ligeiramente volumosas, quadril largo, poucos pelos faciais e voz mais aguda. O fenótipo é masculino e não há distúrbios de funcionalidade ou identidade sexual.

Síndrome XYY

A Síndrome XYY ou do "super macho" (47 cromossomos) é caracterizada pela presença de um cromossomo Y a mais. O indivíduo é bastante alto (± 182 cm) e não apresenta ginecomastia nem hipogonadismo como na Síndrome de Klinefelter.

Alguns dos afetados pela síndrome apresentam anomalias comportamentais: caráter impulsivo; falta de controle de seus impulsos, os quais são violentos e agressivos; a esses, geralmente se junta uma fragilidade mental que os leva a atos precoces de violência e agressões sexuais. Estas são explicadas pelo fato de que a libido, nesses indivíduos, é relativamente forte, enquanto a "potência" sexual é bastante fraca. Além disso, eles podem ter dificuldade de estabelecer relações com as mulheres, o que aumenta ainda mais seu complexo de inferioridade em relação à própria virilidade.

Síndrome do triplo X

A Síndrome do triplo X (ou "Super fêmea") é caracterizada, no patrimônio genético, por três X e um Y. A síndrome raramente causa

---

[48] A paternidade pode ser alcançada graças às técnicas de Procriação Medicamente Assistida (PMA).

anomalias físicas, e as meninas podem apresentar inteligência levemente abaixo da média. Pode-se encontrar também — mesmo que seja muito raro — meninas com quatro e cinco cromossomos X. Nesse caso, a menina pode exibir deficiência intelectual e anomalias físicas.

2.8. Alterações congênitas relacionadas aos órgãos genitais

No desenvolvimento biológico normal, *há* harmonia e concordância entre sexo *cromossômico*, sexo *gonádico* e sexo *fen*ótipo. Existem, porém, algumas *anomalias* que determinam um estado de *intersexualidade*, e isso acontece quando há discordância entre o sexo genético e os caracteres do sexo gonádico e fenótipo[49].

Tais anomalias são chamadas de "*caprichos da natureza*". Às vezes, elas podem ser causadas por uma *interferência bioquímica*, devido aos medicamentos tomados durante a gravidez nos primeiros três meses de gestação (período da embriogênese)[50]. O zigoto[51] já possui, em seu estado potencial, caracteres masculinos ou femininos, que, entretanto, apenas se desenvolverão de maneira completa e regular caso, durante a embriogênese, as influências hormonais necessárias para esse desenvolvimento não sofram perturbações patológicas.

No início, o esboço embrionário, que dá origem ao aparato genital, tem características comuns de ambos os sexos; somente numa fase posterior do desenvolvimento, haverá diferenciação para o masculino ou feminino, a qual gradualmente aumentará com o progressivo crescimento, se aperfeiçoando na fase embrional e fetal.

Porém, é possível que causas patológicas de vários tipos interfiram no curso normal do desenvolvimento e originem toda uma série de alterações, variando de um simples atraso no desenvolvimento dos órgãos genitais a algumas alterações ou malformações. Os cientistas pensam que isso depende da influência exercida no embrião e no feto

---

49 SGRECCIA, Elio. **Manual de Bioética**. São Paulo: Loyola, 1996. p. 499-525. v. I.

50 Desenvolvimento do embrião desde a etapa de formação do óvulo até o feto.

51 *Zigoto* é a célula obtida pela fusão dos dois gametas. É a primeira célula do novo organismo.

a partir de distúrbios hormonais e, ainda mais, dos tratamentos hormonais praticados pela mãe durante a gravidez.

Hermafroditismo (ou Intersexualidade).

O hermafroditismo (Ἑρμῆς = Mercúrio e Αφροδίτή = Vênus ou Afrodite) é caracterizado pela presença, no mesmo indivíduo, de tecido gonádico masculino e feminino — ovário de um lado e testículo do outro —, ou pela coexistência, na mesma estrutura, de tecido testicular e ovariano (*ovotestis*)[52]. Esses casos são provocados por uma alteração hormonal no período fetal que não permite o natural desenvolvimento dos órgãos genitais. Portanto, o indivíduo geneticamente masculino (XY) apresenta um fenótipo feminino ou a coexistência de ambos os órgãos genitais.

Embora, para muitos animais, trate-se de um fenômeno natural, no caso da espécie humana, na qual os dois sexos são geneticamente separados, há uma real alteração dos processos relacionados à diferenciação dos genitais, que geralmente ocorre durante o desenvolvimento do embrião (embriogênese).

O hermafroditismo pode se apresentar como *pseudo-hermafroditismo*[53] ou *hermafroditismo verdadeiro.* Os casos de hermafroditismo verdadeiro são muito raros; mais frequentes são os pseudo-hermafroditismos, nos quais as alterações sexuais ligadas ao sistema endócrino podem dar origem a uma insensibilidade aos hormônios e inibir o desenvolvimento das características sexuais típicas dos dois sexos[54].

Um indivíduo pseudo-hermafrodita, na realidade, tem o sexo genético bem específico, mas os genitais podem não ser definidos: aparência masculina com características do sexo feminino (e vice-versa),

---

52 Hoje ao termo hermafroditismo prefere-se o termo "*intersexual*", muito mais amplo. Fala-se de *condição de intersexualidade*, na qual as características sexuais masculinas e femininas coexistem em uma única pessoa.

53 Neste caso, pode-se fazer a *retificação do sexo.*

54 No *pseudo-hermafroditismo feminino*, os genitais são masculinos (mais ou menos diferenciados), enquanto as gônadas e a bagagem cromossômica são femininas. No *pseudo-hermafroditismo masculino*, os genitais são femininos, mas as gônadas e a bagagem cromossômica são masculinas.

desenvolvimento dos seios, timbre da voz alterado. Essas variáveis dependem do grau de alteração durante a embriogênese.

O momento mais conflitual para o indivíduo hermafrodita ou o intersexual é, obviamente, a puberdade, quando as características específicas de gênero se delineiam com mais clareza. Nesses casos, os especialistas procedem com uma série de *testes genéticos e histológicos* para saber qual é o sexo genético. Em seguida, a pedido da pessoa, com o consentimento dos pais e o apoio psicológico, eles decidem o tipo de tratamento (hormonal ou cirúrgico) para desenvolver a parte feminina ou masculina de acordo com o sexo genético. A aceitação do ambiente em que o hermafrodita cresce e o apoio psicológico durante todo o processo são imprescindíveis para o correto desenvolvimento da personalidade.

2.9. Terceiro sexo?

Diante das alterações apresentadas referentes aos cromossomos sexuais e aos órgãos genitais, podemos falar de um "terceiro sexo"? Pelos conhecimentos científicos que temos, as várias formas de alterações congênitas relacionadas aos cromossomos e aos órgãos genitais não levam a supor a existência de um "terceiro sexo".

No gênero humano, pela genética, existem somente dois sexos genéticos: feminino = XX e masculino = XY. *Tertium non datur*, não existe um *terceiro sexo*, nem sequer um *sexo neutro*, intermédio ou indeterminado que poderia assumir determinação ao longo do desenvolvimento.

Quando um menino pensa como menina (e vice-versa), isso não significa que o sexo genético esteja errado, ou que ele esteja mudando; o que está modificando é a maneira do menino e da menina de se relacionar com seu próprio sexo biológico[55].

---

[55] Pinkus, Lucio. L'identità di genere tra produzioni desideranti e patologie del senso. *In*: C. Caltagirone; C. Militello (ed.). ***L'identità di genere***. Pensare la differenza tra scienze, filosofia e teologia. Bolonha: EDB, 2015, p 37-58.

3. SEXUALIDADE E COMPORTAMENTOS SEXUAIS

A partir da década de 1970, alguns sociólogos, tratando da sexualidade, introduzem o conceito de *categorias*, como *gênero*, *orientação sexual*, *comportamento sexual*, *identidade sexual* e *essência sexual*[56]. Isso porque pode acontecer de uma pessoa ter uma identidade sexual em acordo com o sexo genético, mas um comportamento sexual em desacordo com ele, assim como uma pessoa ter uma identidade sexual em desacordo com o sexo genético, mas um comportamento sexual em conformidade com ele etc[57].

Gênero

O termo "gênero" indica o "ser" homem ou mulher a partir das diferenças biológicas. A referência é o corpo: um indivíduo com características masculinas é de *gênero masculino*; um indivíduo com características femininas é de *gênero feminino*. A dicotomia marca a original e funcional diferença *complementar* dos corpos.

Orientação sexual

A "orientação sexual" é o conjunto de solicitações e de desejos sexuais que um indivíduo nutre em relação a uma pessoa do mesmo

---

56 SCHWARTZ, Pepper; BLUMSTEIN, PHILIP W. The Acquisition of Sexual Identity: Bisexuality. *In*: HAEBERLE, E. J.; GINDORF, R. (ed.). **Bisexualities**. *The Ideology and Practice of Sexual Contact with Both Men and Women*. New York: The Continuum Publishing Company, 1998.

57 SEDGWICK, Eve Sedgwick. **Epistemology of the Closet**. Berkeley: University of California Press, 1990.

sexo ou do sexo oposto. O desejo pode ser, ao mesmo tempo, de natureza sexual, romântica e sentimental, ou se referir apenas a uma ou duas dessas categorias.

Hoje, diante de uma "identidade sexual líquida", usa-se também o termo *abrossexualidade* para falar de uma orientação sexual fluida e em evolução (prefixo grego ἁβρός = tenro, agradável, voluptuoso etc.). A pessoa abrossexual vive uma sexualidade instável e em constante mudança, oscilando entre as muitas e diferentes orientações sexuais, incluindo a *assexualidade*.

Comportamento sexual

O comportamento sexual é a atividade sexual praticada habitualmente. Vários fatores — como fatores biológicos, sociais e culturais —, em diferentes níveis, estão envolvidos na dinâmica do comportamento sexual.

Identidade sexual

"Identidade sexual" é a percepção que o indivíduo tem do próprio corpo como feminino ou masculino. Nem sempre ela é percebida pelos outros. A identidade sexual pode estar mais ou menos em sintonia com o sexo biológico, por isso, por vezes, não é indicativa para determinar o sexo genético.

Essência sexual

A *essência sexual* é, para os sociólogos, o que o *sexo genético* é para os biólogos. A "essência" diz respeito ao que os gregos chamavam de *hipóstase* para se referir à natureza de algo. Ela indica a natureza, a substância ontológica de uma pessoa ou coisa e a distingue de todas as outras coisas. Assim, a essência sexual expressa a natureza de um indivíduo: masculino ou feminino. Tratando-se de uma *hipóstase*, é, portanto, "mais real" e verdadeira do que a "identidade sexual" para indicar a pertença ao gênero feminino ou masculino de uma pessoa. Ela é uma realidade intrínseca ao indivíduo, que pode ou não manifestar-se no comportamento.

A essência sexual, sendo uma *hipóstase* (o núcleo central do indivíduo), não muda no curso de sua vida; podem mudar as características externas (fenótipo), mas o “núcleo central” permanece fixo[58].

3.1. Identidade sexual

Como já vimos, a identidade sexual é a construção subjetiva e social da “essência sexual” (genótipo), sendo a percepção que a pessoa tem e sente do seu próprio corpo. Chega-se à identidade sexual a partir de uma rede de relações humanas: família, escola, *mass media* etc. As relações passadas, as histórias familiares e a genética desempenharam um papel profundo na criação da pessoa que somos hoje.

Somos ‘seres sexuados’

A pessoa é ontologicamente “sexuada”.[59] Por isso, não é cientificamente correto falar “eu tenho o sexo masculino” ou “feminino” — como quando dizemos “eu tenho olhos azuis”; o adequado é dizer: “eu sou um ser sexuado”, masculino ou feminino. Isso porque eu posso ter ou não ter cabelos, mudá-los de cor, mas não posso deixar de ser sexuado, tirar o “sexuado” do meu corpo ou mudar o meu sexo genético.

Consequentemente, não existe um corpo assexuado. Pode haver um corpo sem emoções e sentimentos (o cadáver, por exemplo), mas não existe um corpo assexuado. Até o cadáver é sexuado, tanto é que, diante de um fragmento de organismo humano, para saber se ele pertence a um corpo masculino ou feminino, é feito o exame de DNA.

Nós somos tão profundamente afetados pela sexualidade, que esta deve ser considerada um dos fatores que conferem à nossa vida os

---

58 Breveglieri, Michele. *Sessualità, liminalità e “lavoro di confine”: il caso dell’esperienza bisessuale*. 2008. 326 f. Tese (Doutorado em Sociologia) — Università degli Studi di Padova, Podova, 2008. Disponível em: https://www.research.unipd.it/retrieve/e14fb26f-d968-3de1-e053-1705fe0ac030/TesiBreveglieri.pdf. Acesso em: 22 mar. 2024

59 Não no sentido do pansexualismo de S. Freud. Freud, ao dizer que a sexualidade expressa toda uma personalidade (ver os estudos sobre os casos histéricos, fóbicos, maníacos etc.), não quis afirmar que toda a personalidade se reduz à sexualidade, como, em seguida, fez Reich, afirmando que a origem do caráter estaria na sexualidade, e o caráter nada mais seria do que um modo de defesa social contra os impulsos sexuais (W. Reich, *Análise do Caráter*, 1933).

traços principais que a distinguem[60]. Ela "é um componente fundamental da personalidade, um modo de ser, de se manifestar, de comunicar com os outros, de sentir, de expressar e de viver o amor humano. Portanto, ela é parte integrante do desenvolvimento da personalidade e do seu processo educativo[61]". Ela "afeta todos os aspectos da pessoa humana, em sua unidade de corpo e alma. Diz respeito particularmente à afetividade, à capacidade de amar e de procriar e, de uma maneira mais geral, à aptidão a criar vínculos de comunhão com os outros"[62].

Somos 'seres em relação'

A sexualidade é o nosso "ser em relação", por isso falar de sexualidade é falar também de afetividade, de diálogo, de acolhida, de carinho, de ternura, de capacidade de amar. No mais amplo sentido da palavra, refere-se à "dialogicidade" eu-tu, no sentido mais profundo da "filosofia do encontro".[63] Nessa dialogicidade, a sexualidade, como componente da pessoa humana global, será gratificante na medida em que exprima verdadeira e completamente a pessoa e não se reduza a um jogo entre anatomias diferentes, mas corresponda a um encontro entre pessoas diferentes por biologia, psicologia e história pessoal.

Sexo-sexualidade-genitalidade

Há, erroneamente, a tendência de reduzir a sexualidade ao "sexo" e o sexo ao "ato ou relacionamento sexual". No entanto, o *sexo* é o biológico da sexualidade, enquanto o *ato sexual* é apenas uma das maneiras de nos relacionarmos como pessoas sexuadas. Dessa forma, a sexualidade é algo mais que o mero sexo, sendo autenticamente humana, uma vez que expressa e se abre ao amor.

Nesse sentido, a sexualidade não pode ser reduzida apenas à genitalidade e às funções biofisiológicas da reprodução. A genitalidade é um

---

60 Dicastério para a doutrina da fé, *Persona humana*, Declaração sobre alguns pontos de ética sexual, 1975, 1.

61 Dicastério para a Educação Católica, *Orientações educativas sobre o amor humano. Linhas gerais para uma educação sexual*, 1983, 4.

62 *Catecismo da Igreja Católica*, 2332.

63 Cf. Buber M. **O Princípio Dialógico**.

aspecto da sexualidade, é uma função orgânica, enquanto a sexualidade é o nosso modo subjetivo, estritamente pessoal de viver a genitalidade. Em outras palavras, a sexualidade é a experiência erótica que o indivíduo vive no exercício de sua emotividade, de sua afetividade e de suas funções orgânicas; como tal, ela expressa e impulsiona, ao mesmo tempo, o amadurecimento da personalidade.

A sexualidade não só se identifica com a genitalidade, como a ultrapassa, a dirige e a transcende em um contexto muito mais rico de diálogo e de valores, os quais vão além do erotismo, porque o complementam, o enriquecem e o tornam humano. Superando os limites do impulso biológico e da função procriadora e erótica, a sexualidade, no dinamismo evolutivo, nos confirma sempre mais na nossa identidade de homem ou mulher[64].

3.2. Identidade de gênero

A "identidade de gênero" é uma categoria de identidade social a qual se refere à identificação de um indivíduo como homem ou mulher"[65]. Ela não corresponde à "orientação sexual": a primeira é a percepção que cada pessoa tem de si mesma; a segunda indica os gêneros pelos quais a pessoa é atraída.

---

64 É a *função identificadora* da sexualidade descrita por vários psicólogos, como A. Freud, M. Klein, M. Rambert, R. Spitz, R. Wolf, H. Hartmann (*Psicologia do ego e Problema da Adaptação*); E. Erikson (*Infância e Sociedade*); E. Mounier (*Tratado do Caráter*); J. Nuttin (*Psicanálise e Personalidade*).

65 "A área que envolve sexo e gênero é altamente controversa e resultou em uma proliferação de termos cujos significados variam ao longo do tempo entre as disciplinas e dentro delas. Uma fonte adicional de confusão é que, na língua inglesa, a palavra *sex* tem a conotação tanto de masculino/feminino como de sexualidade. A necessidade de introduzir o termo *gênero* surgiu a partir da constatação de que, para indivíduos com indicadores biológicos conflitantes ou ambíguos de sexo (os "intersexuais", por exemplo), o papel desempenhado na sociedade e/ou a identificação como masculino ou feminino não poderiam ser associados de maneira uniforme com ou ser preditos a partir de indicadores biológicos e, mais tarde, de que alguns indivíduos desenvolvem uma identidade masculina ou feminina em desacordo com seu conjunto uniforme de indicadores biológicos clássicos" (DSM-5, *Disforia de gênero*).

A identidade de gênero é definida a partir de três elementos, com níves diferentes de expressão: *biológico*, *psicológico* e *social*.

- O *sexo biológico*, definido por cromossomos sexuais, por características sexuais secundárias e genitais;
- A *identidade pessoal*, ou seja, a percepção que cada um tem de si mesmo;
- O *social*, papel que a sociedade atribui ao indivíduo, baseando-se principalmente no que aparece (o corpo) e no comportamento.

Quando há concordância entre os três níveis (biológico, psicológico e social), nós estamos diante de um indivíduo que chamamos de *cisgender* (*cisgênero = gênero harmônico*); em caso de discordância, o chamamos de *transgender* (*transgênero*)[66].

Pode acontecer que as pessoas que têm a identidade psicológica diferente do sexo biológico vivam um verdadeiro e profundo *conflito* interior entre as duas entidades, *gênero* e *sexo*. Nesse caso, estamos diante de uma *disforia de gênero*[67]. O conflito está entre o *exterior* (o corpo que apresenta uma específica pertença de gênero, masculino ou feminino) e o *interior*, ou seja, a percepção psicológica que a pessoa tem de si mesma[68].

---

66 *Cisgender* (prefixo latino *cis*, que significa 'deste lado') indica um indivíduo que percebe positivamente a correspondência entre sua identidade de gênero e seu sexo biológico.

67 *Disforia*, do grego δύσφορος = não concordância, desconforto, mal-estar; é o contrário de *euforia* (bem-estar). *Disforia de gênero* refere-se ao sofrimento que pode acompanhar a incongruência entre o gênero experimentado ou expresso e o gênero designado de uma pessoa (DSM-5, *Disforia de gênero*).

68 Os critérios de diagnóstico para *Transtorno de Identidade de Gênero* propostos pelo DSM-5 (*Manual Diagnóstico e Estatístico de Transtornos Mentais* da APA) — Associação Psiquiátrica Americana — não são os mesmos da CID-11 (*Classificação Internacional de Doenças*) da OMS. Entre os dois manuais diagnósticos há discordância. Para um estudo comparativo, cf. Bianca Machado Borba Soll, *Incongruência de Gênero: um estudo comparativo entre os critérios diagnósticos CID-10, CID-11 e DSM-5*, Universidade Federal do Rio Grande do Sul, Porto Alegre, 2016 (https://www.lume.ufrgs.br/handle/10183/143066).

É claro, porém, que ninguém nasce com uma "identidade de gênero" em desacordo com o sexo genético (XX ou XY); se assim fosse, os gêmeos monozigóticos (monovitelinos) teriam a mesma identidade de gênero em 100% dos casos. Mas isso não acontece. As pesquisas mostram que a "identidade de gênero" em desacordo com o sexo genético (homossexual, transexual etc.) é o resultado de uma interação entre variáveis biológicas, cognitivas e culturais.

3.3. Conceito de desvio sexual

Marco Túlio Cícero[69] — filósofo, político e advogado na Roma Antiga — afirmava que "não podemos distinguir uma lei boa de uma má de outra forma senão com base numa norma da natureza". Para ele, a natureza é o critério para definir o "normal" e o "anormal".

Sabemos que o conceito de "desviança" pode assumir diferentes significados. Na *sociologia*, é desviante o comportamento que, em determinado contexto sociocultural, se desvia das formas comuns de sentir e agir da maioria de seus membros. Para a *filosofia*, o conceito de "desvio" não se refere tanto à situação concreta, ao que é, mas a uma avaliação ideal, ao que deveria ser. Para a *teologia* (moral), é desviante o que está em contraste com os princípios do sistema ético e religioso no qual a pessoa se inspira. Por fim, para a *biologia*, a desviança é um tipo de conduta que não se enquadra ou não se harmoniza com o caráter das estruturas anatômicas e com a dinâmica fisiológica do organismo humano.

Para a *sexualidade*, quando falamos de "normalidade" ou "anormalidade", de "desviança sexual" ou de "comportamentos desviantes", devemos ter como ponto de referência a sua "essência", assim como descrita pelos sociólogos. É a partir de sua essência que podemos definir se um comportamento sexual é "normal" ou "anormal". Isso não significa, porém, dizer que todo comportamento "anormal" ou "desviante" é também um comportamento patológico.

---

69 Cícero, *De legibus* (52 a.C.), 2, 6, 13.

3.4. Transexualidade

No meado do século XX, iniciou-se a divulgação de casos de transexualidade que atraíram os interesses das ciências humanas[70]. Em 1966, H. Benjamin introduziu o termo "transexual" para definir indivíduos que, sentindo-se "incomodados" com o sexo anatômico, pediam sua mudança[71].

A transexualidade é definida como uma síndrome[72] na qual existe uma pulsão psicológica de pertencer ao sexo oposto ao genético. A pessoa percebe uma dissonância entre o sexo biológico e o sexo psicológico e vive um "sentimento intenso de não pertença ao sexo anatômico, sem, porém, a manifestação de distúrbios delirantes e sem bases orgânicas (como o hermafroditismo ou qualquer outra anomalia endócrina)" [73]. Ela deseja ter os caracteres sexuais do sexo oposto para ser considerada pertencente a esse sexo.

O transexual, a partir da puberdade, pode viver um drama existencial por sentir que nasceu no corpo errado. Em função dessa situação conflitiva, o desenvolvimento psicossexual, às vezes, é acompanhado por angústias profundas e sofrimentos.

Em 2018, a OMS removeu a transexualidade da lista de *doenças/transtornos mentais* e a colocou no novo capítulo de *Condições de Saúde*

---

70 Prefiro o termo "transexualidade" ao termo "transexualismo", pois o primeiro é mais respeitoso com a pessoa (o sufixo *-ismo* expressa já algo de negativo).

71 A transexualidade é diferente da *homossexualidade* e do *travestismo*. Na *homossexualidade*, a pessoa não vive os aspectos físicos do seu corpo de maneira ambígua e conflitante; o homossexual não deseja mudar de sexo, deseja simplesmente ter relações sexuais com indivíduos do mesmo sexo. No *travestismo*, há o desejo de adotar certos comportamentos do sexo oposto, mas sem desejar a mudança física do próprio corpo; a pessoa sente a necessidade de usar roupas do outro sexo como condição necessária para conseguir a excitação sexual. As pessoas transexuais se distinguem também das pessoas *transgender*: o indivíduo transexual quer passar pelo processo de *transição* e *redesignar* o próprio sexo biológico (mudar de sexo); enquanto o indivíduo *transgender* não busca mudar o sexo biológico.

72 O DSM-5, tratando a *transexualidade* como transtorno ou disforia, implicitamente afirma que ela não é normal.

73 Cf. Márcia Arán, *A transexualidade e a gramática normativa do sistema sexo-gênero*, Ágora, 2006, 9(1), pág. 50.

Sexual, enfatizando que "agora está claro que (a transexualidade) não é uma doença mental" [74]. A decisão foi recebida com satisfação, mas a mudança de nome não diminuiu e não acrescentou nada a um problema que apresenta sua complexidade diagnóstica e carga de sofrimento muito alta.

Se a comunidade científica, há muito tempo, concordava com essa mudança, é igualmente verdade que agora seria redutivo considerar a transexualidade simplesmente uma variável comum e normal da identidade sexual. Desse modo, embora tenha sido cancelado o estigma da doença mental, estando aberto o caminho para uma avaliação mais serena e respeitosa das várias situações, os problemas das pessoas permanecem.

Sobre a origem da transexualidade, as pesquisas científicas apontam várias hipóteses: dos mapas genéticos[75] à estrutura hormonal[76], das disfunções neurológicas[77] e endócrinas às dinâmicas familiares e sociais[78]. A maioria dos autores acredita que sua origem seja *sociopsicogênica*: seriam os estímulos extrínsecos provenientes do ambiente social e familiar no qual a criança vive que determinariam, por precocidade e persistência, sua orientação sexual. Em particular, a transexualidade seria determinada por um processo de identificação da criança com a

---

74 ICD = International Classification of Diseases.

75 Alguns chegaram a hipotetizar que ela fosse causada por uma alteração cromossômica, como acontece na Síndrome de Klinefelter e no hermafroditismo. Mas a hipótese foi descartada, pois as pessoas que têm essas alterações não apresentam algum tipo de *disforia de gênero*.

76 Não há dúvida de que indivíduos com distúrbios resultantes de alterações hormonais ou genéticas desenvolvem uma identidade de gênero e um papel inconsistente com relação ao sexo que lhes é atribuído no nascimento; no entanto, na grande maioria das pessoas com disforia de gênero, os exames físicos e laboratoriais são normais.

77 As pesquisas que se pautam em fatores biológicos prosseguem, mas, até hoje, não obtivemos resultados conclusivos. Cf. SAADEH, Alexandre. **Transtorno de identidade sexual**: um estudo psicopatológico de transexualismo masculino e feminino. 2004. 279 f. Tese (Doutorado em Psiquiatria) — Universidade de São Paulo, São Paulo, 2004. DOI:10.11606/T.5.2004.tde-09082005-115642. Acesso em: 22 mar. 2024.

78 COSSI, Rafael Kalaf. *Desvinculação da experiência transexual do diagnóstico psicanalítico de psicose*, **Revista Psicologia Saúde**, Campo Grande, v. 6, n. 1, p. 9-17, jun./2014. Disponível em <http://pepsic.bvsalud.org/scielo.php?script=sci_arttext&pid=S2177-093X2014000100003&lng=pt&nrm=iso>. Acesso em: 22 mar. 2024.

mãe (hiperprotetora e possessiva) e pela ausência de uma sólida figura paterna[79]. A fase dessa identificação remontaria aos primeiríssimos anos da infância (1-2 anos).

Independentemente das causas, é preciso ter muita prudência e um especial cuidado ao lidar com os problemas psíquicos das pessoas transexuais, principalmente se adolescentes. É importante oferecer-lhes um suporte psicológico para ajudá-las a lidar com os conflitos que nascem de sua situação[80]. Assim, uma prudência redobrada é indispensável antes de tomar uma decisão a favor ou contra uma intervenção hormonal ou cirúrgica (redesignação sexual)[81].

3.5. Bissexualidade

A bissexualidade se refere a um indivíduo que sente atração sexual por ambos os sexos e tem relações sexuais com ambos os gêneros[82]. Sobre sua origem, há várias teorias entre os psicanalistas[83]. Há quem

---

79 Person e Ovesey observam que houve pouca empatia entre as crianças transexuais e suas mães, com longos períodos de separação (distanciamento) nos primeiros quatro anos de vida. Essa situação teria criado uma *ansiedade de separação*, que, para ser exorcizada, teria levado a criança a se refugiar em fantasias de fusão simbiótica. Estas reduziram a ansiedade, mas provocaram a subversão da identidade de gênero (Person, Ethel S.; Ovesey, Lionel. *The transsexual syndrome in males: primary transsexualism. In:* E. S. Person, The sexual century, New York, Yale University Press, 1999, 110-126; Idem, **The transsexual syndrome in males**: secondary transsexualism, 1974, Ibidem, 127-145).

80 A respeito do tratamento psicoterapeuta, o CFP (Conselho Federal de Psicologia), em 2018, estabeleceu normas de atuação para as psicólogas e os psicólogos em relação às pessoas transexuais (Resolução nº 1, de 29 de janeiro de 2018).

81 Hage J. J., *Medical requirements and consequences of sex reassignment surgery*, **Med Sci Law**, v. 35, n. 1, jan. 1995, p. 17-24. Disponível em: https://pubmed.ncbi.nlm.nih.gov/7877467/#full-view-affiliation-1. Acesso em: 24 mar. 2024.

82 A. Ellis, psicólogo estadunidense que desenvolveu a *Terapia Racional Emotiva Comportamental*, considerava os bissexuais uma categoria distinta dos etrero e homossexuais, e concluiu que existem três categorias de pessoas com comportamento sexual distinto: os heterossexuais, os bissexuais, os homossexuais (Albert Ellis (1913-2007), *Sex American Life of woman e Relatório Kinsey*, Oxford, Inglaterra, Greenberg, 1955).

83 Cf. ROSSI, Roberta; DELLI SANTI, Fabio. La bisessualità: un'analisi storica di un concetto in evoluzione. *In*: SIMONELLI, Chiara; PETRUCCELLI, Filippo (Orgs.). **Le**

pense que a bissexualidade é uma orientação sexual natural: "Sabemos que sempre existiram, e ainda existem, seres humanos que podem escolher a pessoa/objeto sexual em ambos os sexos, sem que uma tendência interfira na outra [...]. Todos os seres humanos são bissexuais [...], distribuem sua libido entre objetos sexuais de ambos os sexos, tanto em forma manifesta quanto em latente".[84] Há quem hipotetize que "todas as pessoas são originalmente bissexuais [...] até a puberdade"; em seguida, o heterossexual reprimiria a bissexualidade[85].

Há também quem, como Valverde, critica o conceito de "bissexualidade" como "identidade sexual": "A bissexualidade não existe nem como instituição social nem como 'verdade psicológica'", existindo apenas como um termo abrangente para diferentes *configurações eróticas e sociais* cuja base comum é uma tentativa de combinar homo e heterossexualidade de várias maneiras. O termo "bissexual", portanto, apenas nos diz que uma pessoa pode erotizar ou erotiza homens e mulheres"[86]. Para o autor, a bissexualidade não seria uma "orientação psíquica" (não voluntária), mas apenas um comportamento sexual consciente e livre.

A maioria das teorias coloca a origem da bissexualidade na primeira infância, destacando as dinâmicas libídicas no contexto relacional pai-mãe-criança[87]. Assim, C. Müller-Braunschweig, psiquiatra,

---

parafilie. Aspetti clinici, socio-culturali e giuridici. Quale psicologia, 2002, v. 20, suppl. n. 2, p. 435-450.

84 Cf. FREUD, S. (1905). **Três ensaios sobre a teoria da sexualidade**. Edição Standard Brasileira das obras completas, v. VII. Rio de Janeiro: Imago, 1976.
FREUD, S. (1905). **Além do princípio do prazer** (1920). Edição Standard Brasileira das obras completas, vol. XVIII. Rio de Janeiro: Imago, 1976.

85 Stekel, Wilhelm (1868-1940). **Bi-Sexual Love**. New York: Emerson Books, 1922. Essa obra é um extrato de uma obra mais comprida, publicada em 1920: *Masturbation and Homosexuality*. Stekel foi primeiro paciente de Freud (sofria de uma compulsão patológica pela masturbação) e depois seu fiel discípulo.

86 Evans, David Travor. **Sexual citizenship:** the material construction of sexualities. London-New York: Routledge, 1993.

87 Cf. Gagnon, John H.; Greenblat, Cathy Stein; Kimmel, Michael. Bisexuality: A Sociological Perspective. *In*: Haeberle, E. J.; Gindorf, R. (eds), "**The Ideology and Practice of Sexual Contact with Both Men and Women**". New York: The Continuum Publishing Company, 1998;
Angelides Steven, **A History of Bisexuality**, The University of Chicago Press, Chicago-London, 2001;

afirma que a bissexualidade, tanto masculina quanto feminina, deriva da identificação inconsciente da criança com ambos os pais, uma identificação bissexual determinada pela natureza da interação mãe-filho na qual se estabelece o que ele chama de *identidade sexual nuclear* [88].

3.6. Transgênero

As pessoas *transgêneros* (*transgender*: *trans* = além e *gender* = gênero) são indivíduos que possuem uma identidade e/ou uma expressão de gênero diferente do sexo atribuído no nascimento[89]. O termo foi cunhado em 1965 por John F. Oliven, psiquiatra da Columbia University, e se popularizou graças a diversos transexuais, transgêneros e *crossdresser* [90] que começaram a usá-lo.

A partir do meado da década de 1980, desenvolveu-se o conceito de "comunidade transgênero", e a palavra passou a ser utilizada como um termo guarda-chuva que engloba pessoas transexuais, transgêneros e travestis. Em 1992, a *International Conference on Transgender Law and Employement Policy* (Conferência Internacional sobre Direito Transgênero e Política de Emprego) definiu a palavra um "*termo guarda-chuva expansivo*", portanto, um termo que inclui todas as formas de não conformidade com o sexo genético.

Definem-se pessoas transgêneros, dessa forma, aquelas que possuem uma atitude social e sexual que une características do gênero masculino e feminino, sem se considerarem plenamente homem ou mulher

---

Breveglieri, Michele. Sessualità, liminalità e "lavoro di confine": **il caso dell'esperienza bisessuale**. Universita' degli Studi di Padova, 2008.

88 Carl Müller-Braunschweig (1881-1958), **The genesis of the super-ego**.

89 Os termos *transexual* e *transgênero* não são sinônimos, muito pelo contrário. O *transgênero*, como vimos, não é "dividido" entre sexo psicológico e biológico; ele não deseja mudar de sexo como o transexual. As pessoas transgêneros podem ser heterossexuais, homossexuais, bissexuais, assexuais etc.

90 O *crossdresser* é aquele indivíduo que se veste e se comporta como se fosse do sexo oposto. Hoje em dia, porém, não é tão fácil falar sobre os *crossdressers* devido ao fato de que o conceito de "gênero" tem se tornado cada vez mais *fluido* e a roupa *unissex* tem se tornado cada vez mais popular. *Crossdresser* é um termo neutro e não carregado de conotações sexuais (homo-heterossexual etc).

(*pessoas não-binárias*), e as que se identificam de forma transitória ou persistente com o gênero diferente do biológico[91]. Nas pessoas transgêneros, o desejo de pertencer a um gênero "alternativo" é predominante, seja ele qual for (por exemplo, *indefinido, neutro, terceiro, diferente, X* etc.)[92]. Dessa forma, nelas ocorre o sentimento de não pertencimento a nenhum gênero ou o sofrimento ao serem classificadas por pertencerem ao gênero registrado no nascimento[93].

Hoje, o termo indica um movimento político e cultural que contesta e desconstrói a visão heterossexista e dual (ou binária) dos gêneros, negando que as identidades de gênero nos seres humanos são apenas duas, imutáveis e ligadas ao sexo genético dos indivíduos[94].

3.7. Mudança de sexo

"Antes de dialogar, precisa definir o significado das palavras", dizia Sócrates aos seus interlocutores. Essa regra do filósofo grego

---

91 (DSM-5, *Disforia de gênero*, p. 451).

92 A biologia reconhece apenas dois gêneros, *masculino* e *feminino*, mas há pessoas que não se identificam com nenhum dos dois, como os *genderqueer* e os *agender*.
Genderqueer é o antigo termo guarda-chuva do antibinarismo. Era a expressão que reunia todas as identidades não binárias: *agênero, bigênero, gênero fluido* etc. Nascido na década de 1990, foi um termo que encheu muita gente de esperança em busca de uma definição. Era composto por *gender* (gênero) e *queer* (estranho, oblíquo) usado para indicar algo que dilacerava e cortava a dicotomia masculino/feminino. Hoje é um termo que une todos os indivíduos que não se sentem parte do gênero masculino nem do feminino. Trata-se, então, de uma pessoa de *identidade não binária*, a qual não se reconhece como homem ou mulher, apesar de ter nascida biologicamente com um sexo determinado.
Agender (*a-gênero*) é um termo que abrange e inclui todas as pessoas que não se sentem homens nem mulheres; aquelas que se identificam como "pessoas sem gênero", que falam de sexo "não binário". *A-gênero* não quer dizer, porém, *assexualidade* (sem sexualidade): gênero e sexualidade são, de fato, dois elementos distintos. Um *agender* pode sentir qualquer tipo de atração sexual, usando o masculino ou o feminino indiferentemente. Há também uma diferença entre *agender* e *fluid gender* (gênero fluido): no primeiro caso, não há uma específica identidade de gênero; no segundo caso, o indivíduo se sente mais masculino ou feminino, dependendo do período.

93 LAURA PALAZZANI, *Sex/gender: gli equivoci dell'uguaglianza*, Torino, 2011, 204 s.; S. ZANARDO, *Gender e differenza sessuale. Un dibattito in corso. In*: "Aggiornamenti sociali", 2014, 379 ss., 383.

94 Cf.: https://www.monicaromano.it/transgender/

precisa estar presente, sobretudo, quando falamos de assuntos como sexo, sexualidade, identidade sexual, teoria de gênero, orientação sexual, homossexualidade etc. Na linguagem popular, existe bastante confusão e impropriedade no uso desses termos.

Quando falamos de *sexo*, estamos falando de genoma, de DNA, de XX e YX, de sexo genético. O sexo genético é determinado desde a concepção pelo nosso DNA, marcando todas as células do nosso corpo. Ele está sempre presente no nosso organismo, até depois da morte, não muda nunca. Tanto é que, diante de restos mortais humanos, os cientistas fazem o exame de DNA para saber se eles pertencem a um corpo feminino ou masculino. Em condições normais, é o sexo genético que orienta o desenvolvimento do sexo hormonal, gonâdico (órgãos genitais) e somático (aspecto físico da pessoa).

Ao contrário, quando falamos de *sexualidade*, estamos falando de psicologia, de sentimentos, de emoções, de cérebro plástico, de comportamento, ou seja, estamos nos referindo sobre como a pessoa "sente" e vive o sexo genético. Em outras palavras, estamos falando de *identidade sexual*, esta sim que pode mudar a partir das nossas experiências.

Diante da mudança de identidade sexual, a pessoa pode querer "mudar de sexo", mas, nesse caso, é o sexo fenótipo que muda, não o sexo genético, isto é, quando uma pessoa "muda de sexo", com um tratamento hormonal ou cirúrgico, o que muda são os órgãos genitais e as características somáticas: o corpo de um homem se torna um *corpo feminilizado* e o corpo de uma mulher se torna um *corpo masculinizado*. Tanto é que, se a pessoa deixa o tratamento hormonal, as características somáticas do sexo genético voltam de novo. É biologicamente impossível a "mudança de sexo".

Na infância, pode acontecer que meninos pensem como meninas, brinquem mais com meninas e usem brinquedos típicos das meninas, e vice-versa. Isso não significa que o sexo genético desses meninos seja feminino (XX), e vice-versa. A explicação desse comportamento pode ser encontrada nas dinâmicas relacionais familiares.

Na puberdade, pode ocorrer um transtorno sexual (*disforia*) por conta das mudanças biológicas, psicológicas, sociais e relacionais da pessoa, uma verdadeira metamorfose[95]. Nessa fase da vida, nenhum adolescente tem, ainda, plena consciência de sua identidade sexual, por isso a sexualidade pode ser orientada em desacordo com o sexo biológico. As estatísticas mostram que, em cada dez casos, oito revelam o desaparecimento da disforia ao final da adolescência. Dessa forma, qualquer antecipação terapêutica pode ser desastrosa.

Confundir um caso de imaturidade psicoafetiva com um distúrbio do gênero a ser tratado como tal arrisca danificar irreparavelmente o já frágil equilíbrio do adolescente. Por isso, os psicólogos advertem que é um grave erro intervir na fase adolescente para mudar de sexo. "Nessa fase, congelar o crescimento sexual, em vista de uma 'mudança de sexo', significa confundir as ideias do adolescente de uma maneira muito séria. Esse menino ou menina acabará não sabendo mais nada sobre si mesmo"[96]. Por sua vez, os psiquiatras dizem que 98% dos meninos e 88% das meninas que estão confusos com o próprio sexo, tratados psicologicamente, acabam aceitando o sexo biológico[97].

Os adolescentes, e as pessoas em geral, que sofrem por causa da identidade de gênero (*disforia de gênero*) devem ser ajudados com acompanhamento psicológico e, se necessário, médico, mas, antes de uma intervenção cirúrgica, precisa ter consciência de um eventual sofrimento futuro[98]. "As intervenções praticadas apenas na esfera corporal podem acarretar situações de graves crises psíquicas"[99]. De fato, parece confirmado cientificamente que as intervenções médico-cirúrgicas além de não levarem a superar o conflito precedente, nem a recompor

---

95 A *disforia de gênero*, na maioria dos pacientes (entre 80% e 95%), desaparece naturalmente no final da adolescência.

96 Luciano Moia, *Entrevista* à psicóloga e psicoterapeuta Grazia Aloi, Avvenire, 12 aprile 2018.

97 Michelle A. Cretella, M. D. Presidente da Associação Americana de Pediatras, março de 2018. Acesse o link: http://www.acpeds.org/the-college-speaks/position-statements/gender-ideology-harms-children.

98 MCHUGH, P. Transgender surgery isn't the solution. **WSJ**, 2016. Disponível em: https://www.wsj.com/articles/paul-mchugh-transgender-surgery-isnt-the-solution-1402615120. Acesso em: 23 mar. 2024.

99 Remo Rotella Jr. - médico psiquiatra e psicanalista. Membro da Associação Brasileira de Psiquiatria e da Sociedade Brasileira de Psicanálise de São Paulo Acesse o link em: Revista Psique ciência&vida, Ano VII (2013), n. 87, 82).

a harmonia com o novo sexo,[100], parece que *agravam* a sensação de *frustração*[101].

Um grupo de pediatras americanos (ACPeds) pediu à *Academia Americana de Pediatria* (AAP) que reavalie seu apoio a tratamentos transexuais extremos realizados em crianças, alegando que há falta de evidências significativas para justificar esses procedimentos: "Há uma falta de qualquer evidência clínica significativa e uma falta de resultados positivos a longo prazo para crianças tratadas com medicamentos bloqueadores da puberdade, hormônios sexuais e intervenções transgênero". "Além disso, é um fato conhecido que a disforia de gênero se resolve na maioria dos menores que podem passar pela puberdade... Essas intervenções não são cientificamente comprovadas e representam abuso infantil".

Os ACPeds, em sua declaração, insta a AAP "levar em consideração as crescentes evidências científicas contra intervenções transgênero em menores, o que levou alguns países, incluindo Reino Unido, Finlândia e Suécia, a retirar seu apoio a tais intervenções". "Não há evidências cientificamente robustas para apoiar intervenções transgênero em menores...". "Os tratamentos transgêneros prejudicam as crianças..."; Os cérebros dos adolescentes ainda estão "em construção" e, consequentemente, os "processos de tomada de decisão durante a adolescência são imaturos".

Vários países europeus recentemente emitiram proibições contra cirurgias transgênero realizadas em crianças, citando evidências escassas e riscos de longo prazo associados aos procedimentos[102].

---

100 "As pessoas que se submetem à cirurgia de troca de sexo não mudam de homem a mulher, ou vice-versa. Pelo contrário, transformam-se em homens ou mulheres masculinizados ou feminilizadas"
(McHugh, P. Transgender surgery isn't the solution. **WSJ**, 2016. Disponível em: https://www.wsj.com/articles/paul-mchugh-transgender-surgery-isnt-the-solution-1402615120. Acesso em: 23 mar. 2024.).

101 Os especialistas afirmam que até a mais perfeita operação não realiza nunca uma autêntica e verdadeira mudança de sexo gonádico e somático.

102 (Cf: https://www.acidigital.com/noticia/55887/grupo-de-medicos-dos-eua-pede-a-academia-americana-de-pediatras-que-repense-tratamentos-transgeneros-a-menores. Acesso: 11 ago. 2023).

3.8. Homossexualidade

Definição

O termo *homossexual* foi cunhado em 1868 pelo escritor austro-húngaro K.-M. Kertbeny, referindo-se aos homens que mantinham relacionamentos sexuais com parceiros do mesmo sexo[103].

Pela psicologia, a homossexualidade é definida como uma "orientação emotiva, física e sexual por indivíduos do mesmo sexo". A orientação deve ser "*exclusiva*" e "*predominante*" para ser definida "homossexual".[104]

A homossexualidade — como a heterossexualidade — é um fenômeno multiforme, no qual precisa distinguir: *identidade*, *orientação* e *comportamento* [105]. A *identidade homossexual* consiste em um contínuo autorreconhecimento de se sentir homossexual e desejar viver a homossexualidade.

A *orientação homossexual* caracteriza-se pela preponderância de uma carga de sentimentos, pensamentos eróticos e fantasias que têm como objeto um indivíduo do mesmo sexo. Por sua vez, o *comportamento homossexual* consiste na atividade e na experiência puramente física e sexual com parceiro do mesmo sexo[106]. Importante destacar que podemos encontrar uma pessoa com orientação e identidade homossexual sem um comportamento homossexual.

É importante ter sempre presente que a "orientação" e a "identidade" homossexuais não são escolhidas pela pessoa, elas são apenas "assumidas" por ela, o que a pessoa escolhe é o comportamento

---

[103] Como substituto do pejorativo *pederasta* em voga na Alemanha e na França de sua época (KARL-MARIA KERTBENY, *Manuscrito* de 1868, Biblioteca Nacional Húngara).

[104] JUDD, Marmor. **L'inversione sessuale: diversi aspetti dell'omosessualità**. Milano: Feltrinelli, 1970. p. 9.

[105] Para uma visão completa sobre a homossexualidade, cf. CIPRIANI, Giovanni. ***Homossexualidade. Neurociências e orientação sexual***. São Paulo: Paulus.

[106] Precisa distinguir: o comportamento *ocasional* (a pessoa não é homossexual), o comportamento *recidivo* e o comportamento *habitual*.

homossexual.[107] Assim, deve-se ter essa clareza para evitar preconceito e intolerância.

Origem

Várias são as teorias que buscam explicar a homossexualidade, mas, até hoje, ninguém pode falar, com provas científicas, uma palavra definitiva sobre sua origem. Nenhuma delas *mostra a existência de uma ligação direta e causal entre fatores neurológicos e/ou hormonais e a homossexualidade*. Uma coisa, porém, parece certa: ninguém nasce homossexual[108]. Ela não é mais considerada uma doença nem um transtorno[109], mas dizer que não é doença não significa dizer que é "normal". Hoje é opinião comum que a homossexualidade tem sua origem na história relacional da pessoa.

Para a *psicanálise*, seria o ambiente familiar, sobretudo nos primeiros anos de vida, o responsável por desempenhar um papel importante no desenvolvimento da orientação sexual. S. Freud fala de *fixação* no estágio do "Complexo de Édipo": tratar-se-á de uma *inversão sexual*[110]. Para outros psicólogos e psicanalistas, ela seria uma resposta ao "complexo de inferioridade"[111], um comportamento esquizoide da

---

107 Embora a genética possa influenciar parcialmente a orientação sexual, isso não implica uma completa ausência de livre-arbítrio na escolha do comportamento homossexual (J.M. Bailey - R.C. Pillard, «Genetics of Human Sexual Orientation», *In: Annual Review of Sex Research*, 1995, n. 6, pp. 126-150).

108 Cf. CRABB, Charlene. "Are Some Men Born to Be Homosexual?" U. S., **News & World Report**, set. 1991.

109 A APA (American Psychiatric Association), na edição DSM-III de 1973, tira a homossexualidade da lista das doenças e a considera uma expressão "normal" da sexualidade. A OMS (Organização Mundial da Saúde), a partir do mesmo ano, também não a concebe mais como doença. No Brasil, em 1985, o *Conselho Federal de Medicina* passou a não considerar a homossexualidade uma doença mental ou física. O *Conselho Federal de Psicologia*, em 1999, publicou uma *Resolução* que proíbe aos psicólogos curar a homossexualidade: "Os psicólogos não colaborarão com eventos ou serviços que proponham tratamento e cura para as homossexualidades".

110 A Escola freudiana, a partir da *teoria da bissexualidade*, considera a homossexualidade uma *fixação* na primeira fase do desenvolvimento sexual e uma *regressão* ao complexo de Édipo, a etapa de desenvolvimento em que acontecem o narcisismo e o complexo de castração.

111 ADLER, Alfred. **Il problema dell'omosessualità**. Tascabili Economici Newton, 1994.

personalidade[112] e uma defesa contra a paranoia[113]. Essa *fixação* seria uma "parada" no caminho do desenvolvimento intrapsíquico normal causado por comportamentos maternos inadequados;[114] uma "perversão";[115] uma "falta de identidade sexual" provocada pela alienação de indivíduos do mesmo sexo[116].

As neurociências

Se hoje a atenção para explicar a origem da homossexualidade é voltada mais para os fatores familiares, sociais e ambientais, a pergunta é: Como esses fatores podem influenciar ou "criar" uma orientação sexual biologicamente não natural?

Parece-me que a resposta possa vir das neurociências[117]. Sabemos que experiências pessoais e emoções ligadas a relacionamentos sociais estão na base da criação de novas neuroconexões, as quais criam novos comportamentos. Se as neuroconexões explicam a origem do comportamento humano, elas podem explicar também a origem da orientação homossexual: a pessoa nasce com a orientação sexual conforme seu sexo genético, mas, ao longo de sua história, experiências vividas — como carências afetivas, conflitos, traumas de "apego" e "perda", abusos sexuais, experiências homossexuais gratificantes etc. — criam novas conexões neuronais que, perdurando no tempo, se tornam a base biológica da

---

112 Comportamento caracterizado por falta de interesse em relações sociais; tendência a um estilo de vida solitário, frieza emocional e apatia. Pode chegar até ao *Transtorno de Personalidade Esquizoide* (TPE).

113 KLEIN, Melanie. ***La psicoanalisi dei bambini***, 'Scritti 1921-1958'. Torino: Bollati Boringhieri, 2006.

114 JUNG, Carl Gustav (1919-1958). **Lo sviluppo della personalità**. Torino: Bollati Boringhieri, 1991.

115 LACAN, Jaques. *Seminário IV* (*A relação objetual*); *Seminário V* (*A formações do inconsciente*); *A significação do falo*; *VI Seminário* (*O desejo e a sua interpretação*); *Anotações diretivas* para um *Congresso sobre a sexualidade Feminina*.

116 Nicolosi, Joseph (1991) **Omosessualità maschile:** un nuovo approccio. Milano: Sugarco, 2002.

Nicolosi, Joseph. **Oltre l'omosessualità. Ascolto terapeutico e trasformazione**. Milano: San Paolo Edizioni, 2007.

117 Cf. Giovanni Cipriani, *Homossexualidade*..., cit.

memória emotiva; são essas experiências que podem originar a orientação e o comportamento sexual.

Reorientar é possível

A partir do conhecimento que hoje temos das neurociências, podemos afirmar que é possível mudar qualquer orientação e comportamento. A única condição é a pessoa querer. Se, quando a pessoa quer, o comportamento pode mudar, o mesmo se dá com a orientação homossexual[118]. Com a descoberta da *plasticidade cerebral*, é anticientífico dizer que a homossexualidade não pode ser reorientada. Seria cair de novo no determinismo biológico do criminólogo C. Lombroso e de outros positivistas[119].

Se o ambiente, como parece, é um dos fatores que determina a orientação homossexual, ele pode levar a pessoa a reorientar sua sexualidade. As conexões cerebrais mudam a partir das experiências vividas e dos relacionamentos "significativos". Viver em um novo ambiente (entre pessoas com orientação heterossexual positiva, por exemplo) pode ajudar a pessoa homossexual a "reorientar" sua sexualidade. Trata-se de reeducar a memória afetiva[120].

Como ajudar a pessoa na reorientação sexual?

A *reorientação* não pode ser uma imposição. Esta não funciona, devendo ser uma livre escolha da pessoa. É isso que demonstra o trabalho de tantos psicoterapeutas que acompanham pessoas homossexuais.

Ninguém nasce homossexual, assim como ninguém nasce alcoólatra ou drogado. Na maioria dos casos, são *feridas emocionais* e *falhas no processo de identidade* que levam a pessoa à homossexualidade: *feridas* que devem ser assumidas e trabalhadas se a pessoa quiser

---

[118] Exemplo disso é Demóstenes (384 a.C. - 322 a.C.) que venceu, com enorme esforço, a gagueira exercendo-se a falar com uma pedrinha na boca, tornando-se o maior orador da Grécia.

[119] LINGIARD, V; NARDELLI, N. **Linee guida per la consulenza psicologica e la psicoterapia con persone lesbiche, gay e bisessuali**. Milano: Raffaello Cortina, 2014.

[120] Veja, nas páginas seguintes, o subtítulo "Mudar é possível".

abandonar seu comportamento homossexual; *falhas* que podem ser saradas sempre se a pessoa quiser.

A homossexualidade não está dentro de uma estátua; ela está dentro de uma pessoa, homem ou mulher, que tem uma história de sentimentos e emoções, de frustrações e traumas, de relacionamentos humanos agradáveis e tristes, gratificantes e frustrantes. É essa história que devemos conhecer para ajudar a pessoa homossexual que pede ajuda.

A primeira atitude de quem quer ajudar uma pessoa a reorientar sua sexualidade é a profissionalidade[121], buscando pessoas que tenham bastante conhecimento na área da psicologia dinâmica e que possuam uma capacidade de "escuta ativa" e de empatia. Devem, assim, procurar, pessoas que sabem acolher e respeitar, sem julgar[122]. Nenhum preconceito ou terapia "forçada", mas profissionalidade e respeito[123]. Pelo meu trabalho, aprendi duas coisas: *aceitação* e *verdade*. Aceitar a pessoa homossexual e respeitá-la, nunca julgá-la, mas, ao mesmo tempo, dizer sempre e, sem meios termos, que a homossexualidade é uma orientação "não natural" da sexualidade e, se a pessoa quiser, ela pode se tornar heterossexual[124].

Outro elemento importante é *desculpabilizar* a pessoa homossexual. A partir do conhecimento das neurociências, não podemos mais dizer que a homossexualidade seja uma escolha. A pessoa homossexual não escolhe sua orientação, mas "assume" uma realidade da qual nem ela tem consciência de sua origem. Por isso, a pessoa não é culpada pela orientação; ela, porém, é responsável pelos seus comportamentos.

Homofobia

As pessoas devem sempre ser acolhidas e respeitadas pelo seu jeito de ser e de agir. Mas respeitar não significa aprovar e dizer que tudo

---

[121] Cf. American Psychological Association (APA), «Guidelines for Psychological Practice With Lesbian, Gay, and Bisexual Clients». *In*: *American Psychologist*, January 2012.

[122] LINGIARD, V; NARDELLI, N. **Linee guida per la consulenza psicologica e la psicoterapia con persone lesbiche, gay e bisessuali**. Milano: Raffaello Cortina, 2014.

[123] Cf. Cantelmi T.; Lambiase E. (a cura di). **Omosessualità e psicoterapie**. Percorsi, problematiche e prospettive. Franco Angeli, 2009.

[124] Com os *adolescentes*, devemos evitar julgar apressadamente a existência de uma orientação homossexual, pois todos eles passam por uma fase de homossexualidade.

está certo. Falando de pessoa, devemos sempre distinguir o indivíduo do seu comportamento: podemos aceitar, acolher e respeitar a pessoa, mas não concordar com alguns de seus comportamentos[125]. E se deve ter o direito de expressar isso também publicamente; impedi-lo seria limitar e censurar a liberdade de expressão.

A não aceitação de um comportamento homossexual não deve levar à agressão moral ou física da pessoa, mas também não deve ser classificada como *fobia* (*homofobia* e *comportamento homofóbico*). O dicionário Houaiss define a fobia como "medo exagerado, estado de angústia, impossível de ser dominado, que se traduz por violenta reação de evitamento e que sobrevém de modo relativamente persistente, quando certos objetos, tipos de objeto ou situações se fazem presentes, imaginados ou mencionados". Tendo presente essa definição, usar o termo *homofobia*[126] para indicar a "não aceitação" de um comportamento homossexual pode levar "instintivamente" a um comportamento agressivo. Por exemplo, se eu, um indivíduo, encontro um cachorro e tenho medo (fobia) dele, vendo-o como uma ameaça, posso reagir com dois tipos de comportamento: agressivo (pego uma pedra e atiro nele) ou defensivo (fujo dele).

A pessoa homossexual não é uma ameaça para ninguém. Por isso, o termo mais apropriado deveria ser *misantropia* (e misantropo)[127], que é um sentimento de desrespeito, desprezo, aversão às pessoas, incluindo a discriminação sexual. Como usamos o termo *misoginia*[128] para indicar um comportamento de desrespeito e ofensa contra as mulheres, assim deveríamos utilizar o termo "misantropia" em substituição da palavra "homofobia". Desse modo, desapareceria a ideia de autodefesa ínsita na palavra "fobia".

Ainda hoje, presenciamos atos agressivos contra as pessoas homossexuais, mostrando que elas nem sempre são acolhidas e respeitadas. Para sua aceitação e respeito, porém, não precisamos de novas e

---

125 Temos um exemplo significativo no Evangelho: "*Eu também não te condeno. Vai, e de agora em diante não peques mais*", diz Jesus à mulher (Jo 8,11).

126 *Homofobia* deriva do grego ὁμός (homos = mesmo) e φόβος (fobos = medo).

127 Do grego μίσος (ódio, desprezo) e ἄνθρωπος (homem, ser humano).

128 Do grego μισέω (ódio, desprezo) e γυνή (mulher) expressa o sentimento de ódio, desprezo contra as mulheres.

mais severas leis; existem já leis suficientes sobre os direitos das pessoas homossexuais, com as quais é possível prevenir e reprimir cada tipo de comportamento violento ou de perseguição[129]. Precisamos, em vez disso, criar uma *cultura da dignidade da pessoa*: todas as discriminações, incluídas aquelas baseadas na orientação sexual, comportamentos prejudiciais, ameaças, agressões, atos de *bullying* e *stalking* constituem uma violação da dignidade humana e um atentado à sacralidade da vida humana, que deve ser sempre respeitada e cuidada, independentemente das escolhas e comportamentos da pessoa.

3.9. Pedofilia

Os abusos sexuais e, em particular, o abuso sexual de menores revelam uma crise de amor, de compaixão e de cuidado da sociedade de hoje, além de violar o princípio da dignidade humana. O respeito pela pessoa, nesse caso, é instrumentalizado para próprio uso e prazer. Se a moral, como argumenta E. Kant, é baseada no respeito mútuo pela dignidade humana, a violência sexual não somente destrói a vítima, mas destrói também o fundamento normativo da própria moralidade.

3.9.1. Definição

O termo "pedofilia"[130] indica a atração sexual de um indivíduo com idade não inferior a 16 anos[131] por crianças menores de 13 anos[132],

---

129 ONU, Declaração Universal dos Direitos Humanos, 1948; Constituição da República Federativa do Brasil, 1988.

130 A palavra "pedofilia" vem do grego παιδοφιλέω = "amar as crianças" (composto de παῖς-παιδός = criança e φιλέω = amar). Para falar do relacionamento erótico entre um homem e uma criança, usa-se também *pederastia*, termo que deriva do grego clássico παιδεραστής (composto de παῖς = criança e ἐράω = amar).

131 Geralmente a idade do indivíduo pedófilo não é inferior aos 16 anos, mesmo que, às vezes, um adolescente possa cometer atos libidinosos com uma criança, especialmente se, em sua infância, ele sofreu violência sexual; de fato, sabemos que — por *reação pedofílica* — quem sofreu abuso sexual pode reproduzir o que sofreu com outras crianças novas.

132 A partir da puberdade, prefere-se o termo *efebofilia,* do grego *ephēbos* = adolescente e *filia* = amor.

independentemente de ser ou não praticada[133]. A atração pode envolver crianças pequenas, até bebês ou pré-adolescentes[134]; pode ser praticada ou vivida apenas com "fantasias sexuais"; para tal, ela deve ser exclusiva, constante e continuada[135].

Na pedofilia, precisa-se sempre distinguir a *personalidade pedófila*[136] do *comportamento pedófilo*: podemos ter uma *personalidade pedófila* sem comportamento pedófilo, ou seja, sem nenhuma ação sexual com criança, mas também o contrário: um *comportamento pedófilo* sem uma personalidade pedófila. "Ter como critério diagnóstico apenas o comportamento, de modo que um único ato sexual com uma criança seja evidência suficiente para definir uma pessoa pedófila é problemático; isto significa não levar em conta a distinção entre indivíduos que sexualmente preferem crianças, mas nunca assediaram algumas, e indivíduos que abusaram de uma criança, mas sexualmente preferem um adulto"[137].

Na *personalidade pedófila*, a criança representa o objeto principal, senão exclusivo, do desejo sexual; já no *comportamento pedófilo*, o assédio — que é sempre perverso e criminoso — pode ser ocasional e limitado a contextos particulares.

Outra distinção que precisa ser feita é entre o *comportamento sedutor* e a *violência contra menores*, ambos sempre criminosos. No primeiro caso, colocamos os indivíduos que atraem crianças e estabelecem uma relação afetiva com elas para chegar a ter experiências

---

133 A pedofilia se distingue da *homossexualidade* por ser esta uma relação sexual com adultos.

134 Embora a grande maioria dos pedófilos sejam homens, também há mulheres pedófilas: no entanto, o fenômeno é menos evidente e pode permanecer mais oculto devido ao fato de as mulheres terem um acesso mais natural aos corpos das crianças, principalmente quando criancinhas, mas as consequências para a criança são sempre graves.

135 Cf. DSM-5.

136 Na pedofilia, não se aplica a distinção que, geralmente se faz, na homossexualidade, entre *tendências passageiras* e *tendências enraizadas*.

137 Camillieri J.; Quinsey, V. Pedophilia. Assessment and Treatment. *In*: Laws, R.; O'Donoque W. (ed.). ***Sexual* Deviarne**. Theory, Assessment, and Treatment. London: Guilford Press, 2008. p. 184.

sexuais; no segundo caso, os indivíduos que estupram e/ou matam as crianças após a violência sexual.

Uma última distinção é entre *pedofilia* e *incesto*: o incesto — sempre perverso e criminoso — representa um caso particular de "comportamento sedutor ou violência", devido a uma cultura errônea de um "pai patrão" e dominador em um contexto de relacionamento patológico de toda a unidade familiar[138].

3.9.2. Personalidade psicológica do pedófilo

As pesquisas sobre a personalidade do pedófilo nos dizem quão é difícil, se não impossível, traçar um perfil único do pedófilo[139]. Precisa-se logo dizer que não existe uma *personalidade padrão* do pedófilo. Ele, de fato, não se distingue das outras pessoas: pode ser casado e ter filhos; pode levar uma vida normal e ser estimado em seu ambiente; pode até ocupar cargos de autoridade e confiança; pode pertencer a todas as categorias sociais; pode exercer todas as profissões (embora possa ter preferência por aquelas que o colocam em contato com crianças); e pode passar ao ato pedófilo em qualquer momento de sua vida[140].

Dos vários estudos, porém, emergem alguns traços característicos e específicos da personalidade do pedófilo relacionados à estruturação do *ego*, à dinâmica intrapsíquica, à afetividade e às

---

[138] Todas essas distinções, puramente psicológicas, expressam a diferente personalidade do pédofilo. Todos esses comportamentos são crimes severamente punidos pelo direito civil (Código Penal, Decreto-Lei 2.848/1940. Lei 8.069/90 - Estatuto da Criança e do Adolescente - ECA).

[139] DE LEO, Gaetano; PETRUCCELLI, Irene (a cura di). **L'abuso sessuale infantile e la pedofilia.** L'intervento sulla vittima. Milano: Franco Angeli, 1999;
DE LEO, Gaetano; PETRUCCELLI, Irene (a cura di). **L'abuso sessuale infantile**. L'intervento con i bambini. Roma: Carocci, 2002;
PETRUCCELLI I.; Pedata L. T. **L'autore di reati sessuali**. Valutazione, trattamento e prevenzione della recidiva Milano, Franco Angeli, 2008.

[140] O uso intenso de pornografia mostrando crianças pré-púberes é um indicador diagnóstico útil do transtorno pedofílico. Trata-se de uma situação específica do caso geral de que os indivíduos podem optar pelo tipo de pornografia que corresponde a seus interesses sexuais (DSM-5).

relações interpessoais[141], tanto que podemos delinear uma *tipologia do pedófilo*[142].

Na maioria dos casos, o pedófilo é um indivíduo de sexo masculino, caracterizado por imaturidade psicossexual, passividade, infantilismo e carência emocional, além de incapacidade de se relacionar com os adultos, principalmente a nível sexual, de forma igualitária e simétrica. Acostumado com um papel dominante dentro da família de origem, ele nutre sentimentos fortemente ambivalentes em relação às crianças. O pedófilo, caracterizado por carências empáticas, não consegue reconhecer as necessidades das crianças, as quais são consideradas apenas um "objeto sexual", sendo desumanizadas e negadas em sua identidade de pessoa[143].

Personalidade hipodesenvolvida

A personalidade do pedófilo aparece hipodesenvolvida e primitiva, com um *ego* imaturo e "fixado" na libido infantil, manifestando sérias dificuldades no relacionamento com as figuras adultas, com as quais não tendem a se envolver em relacionamentos mais profundos.[144] Por isso, o pedófilo apresenta algumas características específicas, como imaturidade afetiva, marcada por uma sexualidade impulsiva; afetividade autocêntrica e não adaptativa; relacionamentos interpessoais inadequados, muitas vezes anônimos.

A pessoa pedófila vive também uma profunda angústia de castração, na qual o *ego*, muito fraco para superar os conflitos com as figuras adultas de referência, prefere escolher as crianças como objeto

---

141 BONAFIGLIA Lucio; IACAPRARO, Marianna. "Pedofilia ed empatia". *In*: SIMONELLI Chiara; PETRUCCELLI, Filippo (a cura di), **Le parafilie.** Aspetti clinici, socio-culturali e giuridici. Quale psicologia, 2002, 20, suppl. n. 2 – Semestrale dell'Istituto per lo Studio delle Psicoterapie e della Società Italiana di Psicoterapia, 261-274.

142 DE GREGARIO, Luciano. **La voglia oscura**. Pedofilia e abuso sessuale. Giunti, 2016.

143 Cf.: ZIPPATI S., La personalità di chi abusa sessualmente del minore alla luce del test Rorscach: un'ipotesi preliminare. *In*: CALLIERI B.; FRIGHI L. (a cura di). **La problematica attuale delle condotte pedofile**. Roma: Edizioni Universitarie Romane, 1999 p. 223-228.

144 CUCCI, Giovanni. ZOLLNER, Hans. **Chiesa e pedofilia**. Una ferita aperta. Un approccio psicologico-pastorale. Milano: Ancora Editora, 2010.

sexual; nisso, ela usa massivamente os mecanismos de defesa da *racionalização* (justificar seu comportamento) e da *projeção* (atribuir seus desejos sexuais à criança).

Imaturidade afetiva e sexual

A prática clínica revela que a principal característica da personalidade pedófila é a imaturidade afetiva e sexual. O pedófilo, por várias razões, não conseguiu desenvolver uma maturidade afetivo-sexual e, por isso, ele não prefere se relacionar sexualmente com pessoas adultas — mais maduras emocional e sexualmente —, pois poderia se sentir subestimado, humilhado e diminuído; assim, tendo medo de não conseguir viver sua sexualidade como adulto, ele teme ser ridicularizado. Consequentemente, ele prefere as crianças, porque elas não o ridicularizam, não competem com ele, não mostram sua superioridade; ao mesmo tempo, a atividade sexual com as crianças alimenta sua frágil autoestima[145].

Com a criança, o pedófilo pode também satisfazer sua necessidade de domínio: uma necessidade que pode chegar até sujeitar a criança a comportamentos sádicos, tais como causar-lhe sofrimentos cruéis, que, às vezes, podem levar até a morte. O fato terrível é que, para certos pedófilos, a criança é um simples objeto de satisfação dos próprios impulsos sádicos, sem que ela tenha qualquer percepção do seu sofrimento[146].

Personalidade psicopata

Há pedófilos "psicopatas", que, geralmente, são pessoas de baixo nível intelectual, violentas e instáveis, caracterizadas por uma frieza absoluta, sem sentir algum sentimento de culpa[147]. Elas são fortemente

---

[145] Gabbard, G. **Psichiatria psicodinamica**. Milão: Cortina, 1995. p. 315.

[146] Quando a criança é uma pessoa próxima e conhecida, o pedófilo não chega a esses atos criminosos; pelo contrário, ele procura manter uma relação amistosa com ela, passando ao ato na forma de carinhos, de carícias ou mostrando à criança material pornográfico.

[147] Muitas vezes, pertencem a esse perfil de pedófilos os chamados *serial killers*, que são criminosos sexuais.

dominadas pelos próprios impulsos sexuais e inclinadas a associar a violência sexual a outros tipos de violências e crimes. O que as satisfaz não é tanto o prazer sexual imediato, mas o prazer que experimentam em terrorizar a vítima.

Em alguns casos, o transtorno é associado ao *sadismo sexual*: o pedófilo psicopata busca a cumplicidade da vítima para obter afeto e interesse, comportamento tipicamente instrumental devido a uma carência emocional ou à necessidade de preencher o vazio que ele leva consigo como consequência de abusos sexuais os quais sofreu na infância[148].

Personalidade narcisista

As pesquisas revelam uma psicodinâmica narcísica na pessoa pedófila, o que é confirmado pela prática clínica [149]. De acordo com a visão clássica da psicanálise, a pedofilia é uma escolha objetal narcisista, ou seja, o pedófilo vê, espelhada na criança, a imagem de si mesmo: ele sente a necessidade de amar a si mesmo por meio de uma criança real, a criança que ele não conseguiu ser. Mediante a identificação com a criança, ele alcança a gratificação narcisista.

Dupla personalidade

Há pedófilos que têm uma dupla personalidade: por um lado, eles se apresentam com atitudes morais muito rígidas[150], o que pode fazer com que duvidem da veracidade das acusações de pedofilia que lhes são dirigidas; por outro, são capazes de atos de pedofilia extremamente violentos e cruéis, sem sentir nenhum sofrimento, culpa ou arrependimento e, nem sequer, reconhecer a gravidade de seus atos.

---

148 Mesmo quando não há violência na pedofilia, o objeto sexual é, de qualquer forma, *desumanizado* (a criança é vista como um objeto, e não como pessoa), tornando-se atraente e excitante não tanto pelo que ela é, mas pelo que ela representa, ou seja, um objeto por meio do qual se vinga do trauma sofrido na infância.

149 Cf. Sperry, L. **Sexo, Sacerdocio e Iglesia, Santander**. Santander: Sal Terrae, 2004, p. 89; Prada, J. R., **Psicologia & Formação**. São Paulo: Ed. Santuário, 2013.

150 Precisa-se ter cuidado com quem é demasiado rígido ou submisso, os *extremos* nas decisões e nos comportamentos podem revelar uma personalidade com dificuldades psicológicas e sexuais, com pouco equilíbrio moral.

Essas pessoas com *personalidade dividida* podem ser muito inteligentes e bem integradas no seu ambiente social, no qual gozam de estima.

Relacionamento assimétrico

Hoje é aceita por todos a ideia de que a origem da violência sexual não esteja apenas no prazer do sexo, mas também em um sentimento de desconforto pessoal, de impotência, de autoestima muito baixa, o que leva o pedófilo a dominar os mais fracos em sua intimidade. No relacionamento assimétrico[151], isto é, relacionamento com pessoas que "não têm poder", que são mais fragilizadas e estão em busca de ajuda (as mais vulneráveis), o pedófilo pode expressar melhor seu desejo de domínio, enquanto, com os adultos, o relacionamento, sendo "a par", é vivido com sentimentos de ansiedade e medo[152].

Às vezes, pode parecer que o pedófilo seja apegado afetivamente à criança, porém, na realidade, ele "não é apegado à criança, mas apenas à possibilidade de exercer poder sobre ela". Parece que as características externas da sexualidade ainda não maduras nos pré-pubescentes não causariam, na pessoa pedófila, a angústia que os adultos poderiam determinar. De fato, quando a criança se torna adulta, o "amor" desaparece, porque o pedófilo se sente à vontade apenas com as crianças, com as quais pode exercer um poder"[153].

Pessoa sedutora

A pedofilia nem sempre está ligada a atos de violência e de coerção. Às vezes, é a *sedução* que caracteriza o relacionamento entre adulto

---

[151] Watzlawick, P.; Beavin, J. H.; Jackson, D. **Pragmática da comunicazão humana**: um estudo dos padrões, patologias e paradoxos da interação. São Paulo: Cultrix, 2007. Watzlawick (1921-2007) fala de "comunicação simétrica e assimétrica": a primeira ocorre entre iguais, a segunda entre quem tem poder e um seu subalterno.

[152] Bonafiglia Lucio; Iacapraro, Marianna. "Pedofilia ed empatia". *In*: Simonelli Chiara; Petruccelli, Filippo (a cura di), **Le parafilie.** Aspetti clinici, socio-culturali e giuridici. Quale psicologia, 2002, 20, suppl. n. 2 – Semestrale dell'Istituto per lo Studio delle Psicoterapie e della Società Italiana di Psicoterapia, 261-274.

[153] Hanson R. Prognosis. How Can Relapse Be Avoided - Discussion. *In*: R. K. Hanson; F. Pfàfflin; Lutz M. (ed.), **Sexual Abuse in the Catholic Church**. Scientific and Legai Perspectives. Città del Vaticano: Libr. Ed. Vaticana, 2004. p. 149.

e criança, tornando-o um relacionamento sexual e amoroso. Aí está o perigo. "A periculosidade do pedófilo consiste principalmente no engano, o que parece ser amor ou sexualidade não é: é mentira e hipocrisia. O pedófilo seduz a criança para fazê-la se tornar o que ele se tornou. Com suas atenções, tende a cegá-la, a destruir as possibilidades psíquicas de perceber a realidade e as relações"[154]. Nesse caso, não se trata de violência sexual contra a criança, mas de violência contra a sexualidade da criança, pois, nela, o pedófilo vê sua sexualidade destruída no início da própria história[155].

Vítima de abuso e de violência

Outro ponto destacado pelas pesquisas é que, muitas vezes, o pedófilo foi *vítima de abuso*[156]. Por isso, ele busca crianças da mesma idade em que ele sofreu violência, em uma espécie de *flashback*, de *compulsão a repetir*, numa tentativa de voltar ao passado, para a *cena do crime*, a fim de podê-la reviver de forma diferente, obtendo um alívio momentâneo de sua angústia. A perversão torna-se, assim, uma maneira de reviver o trauma da infância, dessa vez do lado do autor.

Dessa forma, podemos perceber as profundas e graves feridas físicas, psicológicas e cognitivas presentes naqueles que sofreram abusos na infância[157]. A experiência clínica mostra que a história do pedófilo é frequentemente marcada por feridas e sofrimentos removidos e

154 Atzori, E.; Ferretti, B., Terenzi, G. "Pedofilia: necessità di distinguere tra sessualità e violenza". *In*: Callieri, B., Frighi, L. (a cura di). **La problematica attuale delle condotte pedofil**. Roma: Edizioni Universitarie Romane, 1999. p. 245-248.

155 Di Gregorio, Luciano. **La voglia oscura**. Pedofilia e abuso sessuale. Itália: Giunti, 2016.

156 Gabbard G. **Psichiatria psicodinamica**. Milano: Cortina, 1995. 316 p.
A porcentagem de abusadores que, por sua vez, foram abusados quando crianças é quase três vezes a média estatística para crimes desse tipo, "cerca de 30%" (P. Taylor, «Beyond Myths and Denial. What Church Communities Need to Know About Sexual Abusers», in *America*, Aprii 1 2002, 9). Não todos os abusados, porém, se tornam abusadores; não se encontra uma relação de causa/efeito entre abusado e abusador.

157 Cf. R. Hanson - S. Slater, «Sexual victimization in the history of sexual abusers: A review», in *Annals of Sex Research* 1 (1988) 485-500; R. Langevin - P. Wright - L. Handy, «Characteristics of sex oftenders who were sexually victimized as children», ivi 2 (1989) 227-253.

negados, feridas não apenas vividas em primeira pessoa por abuso sexual, mas também feridas conhecidas de outras pessoas, mas sempre altamente traumáticas para uma criança.

Imaturidade ética

Há pedófilos que negam ou minimizam suas responsabilidades, construindo, em torno de seus comportamentos, uma *filosofia moral pessoal*. Para isso, usam frequentemente os mecanismos de defesa da *intelectualização* e da *racionalização* para reduzir os danos causados e acabam por não assumir a responsabilidade pelos próprios atos[158].

Consequentemente, é difícil encontrar pedófilos que estão convencidos do mal feito e pedem perdão. Eles acreditam que não fizeram nada de errado e que suas atitudes não prejudicam as crianças; aliás, há quem compartilha a convicção de que o contato sexual com crianças trouxe para elas um benefício psicológico.

3.9.3. Abusos no âmbito familiar

De acordo com dados de várias pesquisas, a grande maioria dos abusos (84-90%) ocorre no lar familiar, e 27% deles são cometidos por um familiar próximo (pai, padrasto)[159]. Os dados do UNICEF de 2017, relativos a 28 países no mundo, dizem que, em cada 10 meninas-adolescentes que tiveram relações sexuais forçadas, 9 foram vítimas de uma pessoa conhecida ou próxima da família[160].

Algumas pesquisas se concentraram na personalidade do pai abusivo, revelando que ele apresenta traços comuns com a "personalidade

---

158 Bonafiglia Lucio. **Pedofilia.** Perché. L'esigenza di confini. Edizioni Carlo Amore, 2003.

159 Cf. M. Introvigne. «Cosa c'è dietro gli scandali?», in *Avvenire*, 18 marzo 2010, 31; Ph. Jenkins, *Moral Panie: Changing Concepts of the Child Molester in Modem America*, London, Yale University Press, 1998.

160 M. Perez relata que apenas 2% dos casos são denunciados, especialmente quando os abusos acontecem no âmbito familiar. Entre as vítimas de pedofilia, apenas 50% das crianças revelam o abuso sofrido e, desses casos, apenas 15% são efetivamente denunciados; ao final, apenas 5% são processados (María Isabel Martínez Perez, *Abusos sexuales en niños y adolescentes*, Ed. Criminología y Justicia, 2012).

de abusador", como uma relação problemática com os próprios pais violentos ou abusadores, distantes ou ausentes na vida dos filhos; falta de apego afetivo aos próprios filhos; falta de gestos de carinho; e abuso de álcool ou de drogas[161].

3.9.4. A pedofilia: um distúrbio relacional

Para alguns autores, a personalidade pedófila expressa sempre uma *doença*, uma perversão grave[162]. Para outros, a pedofilia, mais do que uma doença específica, seria o sintoma de um transtorno relativo aos processos psicopatológicos do *ego*, estratificados em nível profundo. De fato, os resultados das pesquisas sobre os pedófilos revelam a presença de traços comuns, como depressão, ansiedade, hostilidade, baixa autoestima, impulsividade e inúmeros problemas no relacionamento com os outros e na capacidade de estabelecer relações íntimas com eles[163].

Não podemos, porém, considerar o pedófilo nem *doente mental*, pois as pesquisas indicam que apenas 10% dos abusadores têm uma patologia psiquiátrica, nem um indivíduo absolutamente *normal*, visto que os transtornos de personalidade, embora não excluam a capacidade de "entender e querer", comprometem consideravelmente sua consciência e sua vida de relacionamento[164].

Parece-me que, a partir da descrição da personalidade do pedófilo apresentada, podemos dizer que a pedofilia, mais do que um distúrbio sexual, é um *distúrbio relacional*. De fato, se a sexualidade é uma dimensão das relações humanas, todos os distúrbios sexuais

---

161 PARKER, H.; PARKER, S. Abuso sessuale padre-figlia: una prospettiva emergente. **Giornale Americano di Ortopsichiatria**, v. 56, n. 4, p. 531-549, 1986.

162 O DSM-5 a considera um "*transtorno* caracterizado por fantasias sexualmente excitantes, impulsos sexuais ou comportamentos intensos e recorrentes envolvendo atividade sexual com criança ou pré-púberes" (F65.4.)

163 ERICKSON, W. D.; LUXENBERG, M. G.; WALBEK, N. H.; RICHARD, K. Seely. Frequency of MMPI two-point code types among sex offenders. **Journal of Consulting and Clinical Psychology**, v. *55*, n. 4, 1987, p. 566-570. https://doi.org/10.1037/0022-006X.55.4.566. Acesso em: 23 mar. 2024.

164 ATZORI E., FERRETTI B., TERENZI G., *Pedofilia*..., cit.

devem ser entendidos como sinais de distúrbios relacionais que vão muito além da mera dimensão sexual.

3.9.5. Crianças em risco

De acordo com algumas pesquisas, parece que os pedófilos adotam *estratégias específicas* para selecionar as vítimas e estabelecer um relacionamento com elas[165]. Por isso, além de conhecer a personalidade do pedófilo, devemos entender também a personalidade da criança em risco para prevenir eventuais abusos.

Os pedófilos selecionam, sobretudo, crianças inseguras e com baixa autoestima[166]; crianças carentes, sofridas e em busca de carinho. Por isso, entre a criança e o abusador, pode nascer até uma dependência psicológica e emocional, parecida com a *Síndrome de Estocolmo*[167]: a criança, mesmo sofrendo abusos, desenvolve um sentimento positivo em relação ao abusador que pode ir desde o amor à total submissão voluntária, estabelecendo, assim, uma espécie de aliança e solidariedade com o pedófilo. Isso explica porque a criança não somente não se revolta, mas ama e procura o estuprador. E, se alguém perguntar: "*Porque você não se rebelou?*", a resposta é: "*Porque ele me ama*". De fato, esse amor, talvez, seja o único que a criança está recebendo. A necessidade de amor e de carinho é tão forte na criança que a leva a aceitar todas as humilhações, até a agressão sexual.

3.9.6. Prevenção

Com base na *Declaração Universal dos Direitos das Crianças* e na subsequente *Convenção sobre os Direitos da Criança*, promovida pelas

---

[165] CONTE, J. R., Wolf S.; Smith, T. "What sexual offenders tell us about prevention strategies". **Child Abuse e Neglect**, v. 13, n. 2, 1989, p. 291-301.

[166] Volpini C., De Leo G., Scali M. "Alcune riflessioni sulla mediazione penale nei casi di pedofilia". *In*: Callieri, B.; Frighi L. (a cura di). **La problematica attuale delle condotte pedofile.** Roma: Edizioni Universitarie Romane, 1999. p. 159-166.

[167] Estado psicológico particular em que uma pessoa, submetida a um tempo prolongado de intimidação ou escravidão, passa a ter simpatia e até amor ou amizade pelo próprio agressor.

Nações Unidas[168], a proteção dos menores é um dos grandes compromissos que somos chamados a assumir.

A pedofilia se combate, antes de tudo, promovendo uma *cultura de respeito* e de *cuidado* pela pessoa e, sobretudo, pela criança como pessoa indefesa. Ferir os sentimentos de uma criança e prejudicar sua alegria com o abuso sexual, além de crime, deve ser repudiado como um comportamento indigno de uma pessoa.

Pais e educadores devem alertar as crianças — na medida e da forma que entenderem — dos graves perigos que podem enfrentar ao aceitar presentes, gestos de carinho e convites de adultos que não conhecem. Mas, infelizmente, como vimos, os pedófilos, às vezes, são pessoas de casa, insuspeitas e absolutamente confiáveis!

É importante estar atento a todos os sinais incomuns e improvisos que uma criança pode apresentar, como tristeza, silêncio prolongado, choro sem motivo aparente, desinteresse pelos brinquedos, mal-estar físico, mudanças repentinas de humor, notas ruins na escola, insônia, agitação excessiva, linguagem provocativa, expressões e alusões sexuais impróprias para sua idade, agressão a outras crianças etc. Nesses casos, precisa-se induzir as crianças a falar, o que não é fácil, porque ela não sabe se expressar ou tende a se fechar no silêncio. Por outro lado, os sinais mencionados acima são difíceis de serem interpretados e podem ser atribuídos ao mau humor e ao capricho da criança.

Será verdade!?...

Acontece que, quando ouvimos a história de uma criança que foi abusada, oscilamos entre uma aceitação cega e um "*Isso não é possível... fulano não é capaz de fazer isso*", dois extremos que devemos evitar. De um lado, temos que ser muito cuidadosos, pois as crianças nem sempre dão relatórios confiáveis por várias razões[169]. De outro lado, devemos

---

[168] Unicef, 20 de novembro de 1959; Onu, 20 de novembro de 1989.

[169] Silvia Bonino, Psicologia Contemporânea, 276 (Novembre-dicembre 2019), 56-57. Já aconteceu com crianças que relataram ter sido abusadas por familiares, especialmente no contexto de separações conflituosas. Os juízes confirmaram as declarações das crianças, enquanto os acusados se declaravam inocentes e, em alguns

estar bem cientes das armadilhas cognitivas e emocionais nas quais a mente humana arrisca cair.

Assim como devemos conhecer bem a psicologia infantil e as maneiras de fazer perguntas às crianças para não as induzir a dizer o que nós queremos saber (entrevista indutiva), na dúvida, é sempre bom recorrer a psicólogos para avaliar se a criança é capaz de testemunhar sem se deixar levar pelas expectativas dos adultos.

Outro cuidado é com as pessoas suspeitas. Pode acontecer que algumas pessoas sejam suspeitas por suas maneiras de se comportar com as crianças. Nesse caso, é preciso ter cuidado para não julgarmos facilmente, porque podemos difamar seriamente uma pessoa inocente e costurar-lhe uma suspeita que pode ser gravemente prejudicial e da qual não será mais possível se libertar.

3.10. Masturbação

A masturbação é um comportamento sexual que ocorre em homens e mulheres, solteiros e casados. Esse comportamento, mais frequente na adolescência e na juventude, apresenta grande variação em frequência e intensidade. Além disso, pode ter características episódicas ou durar meses ou anos. Como sintoma da vida emocional e existencial da pessoa, pode ser limitada a uma fase específica da vida, desaparecer e reaparecer em fases posteriores.

A masturbação na literatura psicológica

A primeira obra psicopedagógica sobre a masturbação[170] aparece em 1700, escrita por Bekker com o título "*Onania...*". Suas teorias foram

---

casos, cometeram suicídio. Após um longo processo judicial, todas as suspeitas foram totalmente rejeitadas.

170 *Masturbação, autoerotismo ou onanismo*? Os três termos são usados para indicar o mesmo fenômeno. *Onanismo* foi usado pela primeira vez por B. Bekker, médico londinês, no ano de 1700 (*Onânia ou o infame pecado...*) e retomado por A. Tissot em 1760 (*L'Onanisme. Dissertation...*). Na realidade, o termo é aplicado impropriamente à masturbação. Na verdade, *onânia* se refere a um fato histórico, o "pecado" de Onan (Gn 38,8-9). Localizado no contexto de uma relação heterossexual, o termo poderia,

retomadas na Alemanha por Tissot com a publicação de sua tese de doutorado sobre o *Onanismo* defendida em 1760, na qual o autor dedica um capítulo inteiro à *Onania* de Bekker[171]. Dois anos após o *Onanismo*, J.-J. Rosseau publica o *Emile*, obra na qual são descritas detalhadamente as consequências desastrosas do jovem que se masturba[172]. Encontramos resumidas as mesmas consequências, quase um século depois, em um famoso tratado de pedagogia de A. Fontana[173]. Ao longo do século XIX, a literatura continua a insistir nas inúmeras e assustadoras doenças e nos relativos tratamentos de cura da masturbação[174].

Somente no início do século XX, os preconceitos dão lugar à literatura científica. Começa, de fato, uma lenta evolução no entendimento psicológico da masturbação, que não será considerada mais a causa das doenças como nos anos anteriores[175].

---

ainda que indevidamente, designar o "coito interrompido", mas não a masturbação. *Autoerotismo*: é um termo usado pela primeira vez por H. Ellis, em 1910, para dizer que a pulsão sexual, em vez de ser dirigida para outra pessoa, é consumida no próprio corpo, é *autoerótica*. S. Freud retoma o termo "autoerotismo" e o utiliza para indicar uma fase do desenvolvimento da libido. *Masturbação*: é o ato material para alcançar o "erotismo".

171 TISSOT. Samuel Auguste André David (1728-1797). **L'Onanisme**: Dissertation sur les maladies produites par la masturbation. Lausanne: Marc-Michel Bousquet & Comp., 1760. Tissot apresenta a masturbação, que já tinha começado a atrair a atenção do mundo médico, como a causa direta de um conjunto de doenças cujos efeitos variam da impotência à epilepsia, incluindo "cegueira, imbecilidade, loucura, reumatismo, gonorreia, tumores, hemorroidas e, finalmente, a morte".

172 ROSSEAU, Jean-Jacques (1712-1778). Émile (*Emílio, ou da Educação*): "Uma vez conhecido esse perigoso substituto (a masturbação), o jovem estará totalmente perdido. A partir desse momento, ele sempre terá corpo e alma em estado de prostração... os terríveis efeitos desse hábito o levarão ao túmulo".

173 FONTANA, Antonio. **Manuale per l'educazione umana**. Milano, 1834: "Por esse vício, escreve Fontana, a juventude enfraquece desde os primeiros dias... e a morte se aproxima antes do tempo... Segundo o que os médicos dizem, por esse vício, diminui o apetite, se reduz a nutrição, as fibras se relaxam, o rosto fica pálido, os membros flácidos, a voz fica rouca, a mente fica árida... Dores à cabeça, à nuca, à espinha dorsal, aos lombos; em seguida, a pessoa se curva e se deforma, até à paralisia, à epilepsia e à morte".

174 Na Inglaterra, era de moda até a cirurgia: o cirurgião londrino, Brown, praticava a amputação do pênis e do clitóris.

175 S. Freud e os primeiros psicanalistas se colocam decisivamente contra a tradicional repressão da atividade masturbatória. Para se dar conta disso, basta cf. a *Discussão*

Hoje, com as novas perspectivas da psicanálise, a masturbação, sobretudo adolescente, é lida dentro da história do desenvolvimento da pessoa. A Igreja Católica, sempre atenta às contribuições das ciências humanas, também tem mudado sua avaliação ética: a masturbação é examinada no conjunto do desenvolvimento sexual e emocional da pessoa[176].

3.10.1. A 'masturbação' na infância.

A sexualidade infantil foi abordada detalhadamente, pela primeira vez, por S. Freud[177]. Para ele, a pulsão sexual (*libido*) existe desde o nascimento e, nas primeiras horas da vida, se manifesta no prazer de amamentar.

O desenvolvimento sexual da criança

Na sua teoria, Freud mostra que, no processo de crescimento, a criança passa por várias fases e zonas erógenas: da *boca*, na infância, à área *genital*, na adolescência.

A primeira é a *fase oral* (do nascimento aos 18 meses de vida), na qual a boca é o órgão pelo qual a criança entra em contato com a mãe, o que se dá por meio dos seios. Nesse período, sua relação fundamental com o mundo externo é nutricional — a *libido*[178] está concentrada na boca[179]. De fato, nessa fase, a criança tende a trazer tudo para a boca, do seio da mãe aos objetos que lhe interessam. Ela sente prazer em usar a chupeta, chupar o dedo e amamentar-se nos seios da mãe. A boca se torna seu meio de contato com o mundo e lugar de "prazer".

---

de 1912, na qual participam os principais psicanalistas da época (*Die Onanie*, 1912).

[176] Cf. Congregação para a Doutrina da Fé. *Persona humana. Sobre alguns pontos de ética sexual*, 1975.

[177] FREUD, S. (1905). **Três ensaios sobre a teoria da sexualidade**. Edição Standard Brasileira das obras completas, v. VII. Rio de Janeiro: Imago, 1976.

[178] A libido, para Freud, é "a energia dos instintos sexuais".

[179] Se essas necessidades não forem satisfeitas, o *ego* pode ser frustrado e haver uma *fixação*. Algumas manifestações da idade adulta, como chupar o dedo etc., seriam uma regressão a essa fase.

Fase anal (de 1½ aos 3 anos). É a fase em que a criança aprende a controlar a musculatura do esfíncter anal e, consequentemente, a usá-lo para expulsar as fezes, sem precisar mais da fralda. Durante esse período, a *libido* está concentrada no ânus, de modo que a criança sente prazer na expulsão das fezes e no controle dos músculos do esfíncter anal e percebe que ela mesma pode controlar e regular seu prazer (libido). Esse período é caracterizado pela *fase narcisista*: a criança dirige sua libido para seu próprio corpo, e suas reações emocionais dependem, principalmente, do seu bem ou mal-estar físico (*egocentrismo primário*).

Por volta dos três até os 6 anos aproximadamente, a criança entra na terceira fase: a *fase fálica*. É chamada de *fálica* (*falo* = pênis), pois o pênis é o principal objeto de interesse da criança de ambos os sexos. Ela manifesta certa curiosidade em observar as diferenças anatômicas entre os sexos, o qua a leva a viver o que Freud chama de *Complexo de Édipo*[180] e de *castração*: a criança se identifica com o genitor do sexo oposto, dirigindo para ele a sua libido e manifestando hostilidade para o genitor do mesmo sexo[181].

Superada a fase fálica, inicia-se a *fase de latência*, período que corresponde aos anos da escola primária e continua até a puberdade. Nesse momento, a libido é dirigida para outros interesses e atividades: familiares, escolares e sociais.

A quinta e última fase do desenvolvimento psicossexual é a *fase genital*. Esta começa com a puberdade e se mantém por toda a vida do indivíduo, permitindo-lhe desenvolver relações significativas com o sexo oposto, graças à energia libidinal novamente concentrada na área genital.

Segundo S. Freud, para obter um desenvolvimento psicossexual completo e equilibrado, é necessário ter resolvido eventuais fixações:

---

180 Uma clara analogia com a tragédia grega de Édipo rei de Sófocles (497-406 a. C.), usada por Freud para facilitar a compreensão dessa importante passagem no desenvolvimento psicossexual das crianças.

181 Freud concebia a ideia de que a homossexualidade se desenvolveria nesta fase se as condições não permitissem a identificação com os pais do mesmo sexo (no caso, por exemplo, de um pai particularmente severo).

se houve *fixações* nas fases anteriores, a libido não será suficientemente centrada na área genital, prejudicando o normal desenvolvimento sexual do indivíduo.

Manipulação genital

Usar o termo "masturbação" para indicar uma fase "erótica" do desenvolvimento da criança é impróprio, pois ele está carregado de valor moral; as expressões apropriadas seriam "manipulação genital" e "*autoerotismo*". A manipulação genital na infância faz parte do desenvolvimento psico-afetivo normal da criança, sendo a curiosidade em descobrir o próprio corpo. Na exploração dele, a criança descobre que os órgãos genitais oferecem sensações calmantes e mais agradáveis do que outras partes do corpo, de modo que a "manipulação" pode representar uma forma de consolo à qual recorrer em momentos de carência afetiva, cansaço e solidão[182]. Não conhecendo ainda o senso do pudor, ela não sente vergonha e, por isso, não tem motivo para não mexer na parte genital e se esconder do olhar alheio[183].

3.10.2. A masturbação na adolescência

A adolescência se inicia com a puberdade e termina por volta dos 18 anos[184], constituindo uma fase da vida caracterizada por grandes

---

182 O uso muito frequente e prolongado da "manipulação", às vezes, pode ser um sinal de sofrimento emocional, devido à incapacidade da criança de se relacionar e encontrar formas de gratificação em outras realidades; o próprio corpo se torna um refúgio para ela contra a solidão.

183 Nesse tipo de comportamento, pais e educadores devem intervir com cuidado para não causar desnecessários sentimentos de culpa. Uma atitude de desaprovação ou punição corre o risco de desenvolver tabus ou reações negativas em relação à sexualidade. Uma manipulação genital exagerada pode indicar também uma carência afetiva; é um sinal de alerta para os pais a fim de que eles entendam que precisam dedicar mais tempo a seus filhos, brincando com eles, dando carinho e afeto.

184 Melhor dizer "deveria", porque sabemos quando ela começa, mas não sabemos quando termina; hoje a adolescência está ficando cada vez mais longa, tanto que se fala de "adolescência atrasada". Há também pessoas adultas que têm todos os traços psicológicos de um adolescente.

transformações, uma verdadeira *metamorfose*[185]. Tudo muda nessa fase: o *biológico*, o *psicológico* e o *relacional*.

As rápidas mudanças tanto no crescimento quanto no desenvolvimento do organismo são alguns dos fenômenos mais marcantes da adolescência[186]. Nelas, os eventos intrapsíquicos e as dinâmicas psicossociais estão inextricavelmente entrelaçados e interdependentes.

A mudança somática causa uma reviravolta no esquema corporal: o adolescente não se reconhece mais[187]: ele se olha no espelho e não gosta mais de si mesmo. Consequentemente, leva a uma crise na imagem de "si"[188], uma crise que se reflete em toda sua vida psíquica.

Por sua vez, as mudanças geradas pelo sistema hipotálamo-hipofisário provocam um aumento na secreção de hormônios sexuais.

Em nível emocional, ele deve enfrentar vários problemas[189]: a superação da fase erótica oral e anal para a fase genital, a solução da bissexualidade[190], a ruptura dos laços primários (pais) e a descoberta de novas relações (o grupo adolescente).

Em nível relacional, é a fase do desligamento emocional dos pais e a busca afetiva do grupo que, ao final, leva ao processo de *individuação*[191]. É por isso que a adolescência é caracterizada por incertezas, medos e fracassos.

---

185 Do grego *μεταμόρφωσις* (*metamórphosis* = transformação): palavra formada pelo prefixo *μετα* = mudar + *μορφή* = forma.

186 Do latim *adolescĕre* = crescer. *Adolescente* tem a mesma raiz de *adulto*, que é aquele que completou sua formação, seu próprio crescimento.

187 Para entender esse fenômeno, ler Franz Kafka, *A Metamorfose*, escrita em 1912 e publicada em 1915.

188 Em concomitância com a reestruturação biológica, emocional e social, o adolescente questiona também seu *Si corporal* ("os outros gostam de mim?"), seu *Si psíquico* ("sou bonito, feio...?") e seu *Si social* ("o que os outros pensam de mim?").

189 Blos P. (1962). **L'adolescenza: un'interpretazione psicoanalitica**. Milano: F. Angeli, 1980.

190 Nesse período, o/a adolescente pode viver uma fase homossexual por uma identidade sexual ainda em desenvolvimento e em construção.

191 O/a adolescente vive um profundo conflito interior, pois conscientemente ele/a quer se desligar emocionalmente dos pais para poder investir sua libido no grupo, mas inconscientemente ele/a percebe que precisa ainda dos pais, pois o grupo não lhe dá segurança suficiente para seu desenvolvimento psicológico e social.

A solução, mais ou menos equilibrada, dessas mudanças depende também do significado que o ambiente sociocultural atribui à sexualidade em geral e às expressões sexuais dos adolescentes em particular.

É dentro dessa história pessoal de cada adolescente que devemos entender suas relações interpessoais, seu comportamento sexual e a masturbação que caracteriza essa fase da vida[192].

Nova identidade

O adolescente vive, na própria pele, a profunda reestruturação de sua identidade afetiva e relacional. Particularmente, a renegociação dos laços sociais e afetivos, ocorre, em primeiro lugar, com os seus pais. Até agora ele se identificava com as figuras paternas, pai e mãe; agora, ele deve deixar essas figuras de lado, desvincular-se delas. Há um mundo novo à sua espera: é o mundo extrafamiliar, constituído por colegas e coetâneos. Por isso, o relacionamento entre pais e filhos torna-se, nesse período, o lugar de trocas emocionais intensas e conflitantes: o desejo de autonomia e de "privacidade" dos próprios sentimentos — que agora são partilhados mais com os coetâneos do que com os pais —, a tomada de algumas decisões contra a vontade dos pais etc. podem representar feridas profundas no relacionamento com os pais.

"Vocês não me entendem" é a frase que mais ouvimos dos adolescentes dirigida aos pais e a que mais causa sofrimento aos pais, pois eles percebem que aquele filho está cortando o cordão umbilical! A referência não são mais eles, mas os amigos. Até então, o ambiente familiar era o mundo amigável: os pais eram os guardiões da confiança, da proteção e da segurança, enquanto o ambiente extrafamiliar era o mundo estranho. Agora acontece o contrário: os amigos são os privilegiados, e os pais são os "estranhos"[193]. Antes, as figuras parentais eram idealizadas e superestimadas; agora, tendem a ser subestimadas

---

[192] Cf. o meu estudo psicanalítico realizado em colaboração com a Cátedra de 'Psicologia Evolutiva II' da Universidade *La Sapienza* de Roma, em 1982: Giovanni Cipriani, *Indagine sugli Aspetti Positivi e Negativi della Masturbazione sulla Popolazione Giovanile.*

[193] Situação descrita por Spitz na expressão "angústia do estranho"
Spitz, R. Anaclitic depression. **Psychoanalytic Study of the Child**, v. 2, 1946, p. 313-342.

e denegridas, enquanto as figuras extrafamiliares, amigos ou ideais sociais são extremamente valorizados.[194]

Essa transição existencial é vivida pelo adolescente como um conflito interno entre opostos: rebeldia e docilidade, sociabilidade e solidão, entusiasmo e decepção, autoexaltação e autodepreciação. É a instabilidade comportamental típica dos adolescentes.

Nessa situação de solidão, o adolescente é levado a se retrair em si mesmo (egocentrismo): uma retração sobre o *ego* da libido que pode provocar, como consequência, o ato da masturbação.

A masturbação adolescente no processo evolutivo da personalidade

Vimos que a passagem da família como única referência afetiva (libidinal) ao grupo adolescente como nova referência afetiva cria, no adolescente, um "limiar", um vazio (afetivo), no qual ele pode despejar a libido sobre si mesmo com a masturbação.

A masturbação adolescente deve ser lida dentro desse "limiar", que gera uma situação de isolamento interior e solidão, muitas vezes até abandono. Essa leitura psicanalítica nos ajuda a situar a masturbação na sua justa dimensão evolutiva da pessoa: uma atividade transitória para liberar a tensão do instinto e se preparar para o investimento heterossexual[195].

Ela deve ser entendida mais especificamente no contexto da evolução sexual, que, progressivamente, leva o adolescente à plena maturidade do relacionamento e do amor. Nessa perspectiva, a masturbação pode

---

[194] É a amarga constatação dos pais: aquela criança obediente e carinhosa, agora adolescente, está "contra" eles. Os pais devem entender que, para o adolescente, "ser contra" é uma necessidade. Um estudo mostra que os adolescentes mais agressivos e "contra" os pais são os que, durante a infância, tiveram um melhor relacionamento com eles. Como explicar isso? É um mecanismo de defesa posto em prática pelo adolescente: para se desprender de um objeto bom (os pais), ele deve imaginá-los ruim. O adolescente sente que deve "decolar" (como o passarinho do ninho), mas, tendo dificuldade em se separar de seus pais, é continuamente tentado a retornar à infância. E, então, para poder se desapegar, ele deve "negar" a bondade de seus pais, se convencendo de que eles são maus, que eles não o entendem. É a fatiga de crescer. Os pais devem ser capazes de bem administrar esses conflitos dentro da família para não travar o desenvolvimento psíquico do filho.

[195] Cf. Cipriani, G. **L'attività masturbatoria nell'adolescenza**. Roma: Bulzoni, 1986.

ser considerada uma *passagem não necessária, mas comum* para chegar ao relacionamento afetivo-sexual com outra pessoa. Ela, portanto, tem um *caráter evolutivo* e *passageiro*[196]. O perigo pode ser a *fixação*: a gratificação fácil corre o risco de fechar o adolescente em si mesmo. O ato isolado pode tornar-se hábito, comportamento, mentalidade e atitude interior, fixando o desenvolvimento psicossexual do adolescente em níveis narcísicos e, assim, reduzir sua capacidade de amadurecimento no caminho do amor. É justamente essa fixação que pode tornar a masturbação problemática nessa fase[197].

3.10.3. A masturbação na idade adulta

Na idade adulta, a masturbação nem sempre é de natureza sexual, podendo remeter a um problema mais profundo e ao quadro geral da personalidade do indivíduo. Ela pode ser resultado de uma situação

---

196 Também a Igreja Católica avalia a responsabilidade moral da masturbação adolescente dentro do processo evolutivo da pessoa: "*Do ponto de vista educativo, é preciso lembrar que a masturbação e outras formas de autoerotismo são sintomas de problemas muito mais profundos, os quais provocam uma tensão sexual que o sujeito procura superar recorrendo a tal comportamento. Este fato exige também a necessidade de que a ação pedagógica seja orientada mais para as causas do que para a repressão direta do fenômeno. Mesmo tendo em consideração a gravidade objetiva da masturbação, use-se da cautela necessária na apreciação da responsabilidade subjetiva*" (Congregação para a Educação Católica, *Orientações educativas sobre o amor humano. Linhas gerais para uma educação sexual*, 1983, n. 99). "*A imaturidade da adolescência, que pode algumas vezes prolongar-se para além desta idade, o desequilíbrio físico, ou um hábito contraído podem influir no comportamento, atenuando o carácter deliberado do ato e fazendo com que, subjetivamente, não seja sempre culpa grave. Os adolescentes devem ser, portanto, ajudados a superar tais manifestações de desordem que são frequentemente expressão dos conflitos internos e da idade e,* não raramente, *de uma visão egoísta da sexualidade*" (Conselho Pontifício para a família, *Sexualidade humana: verdade e significado. Orientações educativas em família*, 1995,103).

197 Nesse contexto, é importante distinguir entre *ato masturbatório*, *comportamento masturbatório* e *estrutura de caráter masturbatório*. O "ato masturbatório" é um ato que leva à satisfação sexual autoerótica; ele é mais frequente na adolescência, enquanto, nos adultos, pode atuar como um "substituto" do relacionamento sexual. O "comportamento masturbatório" ocorre quando a masturbação se repete e se torna constritiva e obsessiva. Por sua vez, a "estrutura de caráter masturbatório" expressa uma estrutura psicológica frustrada ou uma personalidade fixada em um estágio imaturo da sexualidade.

de insatisfação consigo mesmo e com a vida; um substituto da relação sexual; a manifestação da necessidade de intimidade; uma saída ou uma forma de lidar com os estados emocionais negativos, como tristeza, tédio, decepções, solidão, vazio interior etc.; uma manifestação das tensões decorrentes das tarefas difíceis a serem enfrentadas, da falta de confiança por parte dos outros, da não aceitação do próprio corpo, da frustração do sentido da vida ("*Minha vida não tem sentido!*") etc.[198] Tudo, obviamente, depende do histórico da pessoa, do seu estado de ânimo, do seu equilíbrio e das suas necessidades psíquicas[199].

Esse quadro vale, sobretudo, para os jovens, que, hoje, apresentam "mais instabilidade emocional do que os de outras épocas, devido à distância temporal que há entre maturidade sexual e cognitiva, à inserção tardia no trabalho e à *moratória social* em que eles são condicionados a viver[200].

Psicologicamente, a masturbação pode se tornar "preocupante" quando vira algo muito frequente, exclusivo, substituindo completamente o ato sexual com o parceiro. Nesses casos, ela é carregada de emoções e significados que vão muito além do prazer fisiológico, tornando-se um sinal de alarme, pois pode assumir as características de dependência, que "é provavelmente a única doença que precisa entender para podê-la curar"[201].

---

198 Sendo uma resposta a esses estados emocionais, a masturbação pode variar muito em frequência e duração: pode ter um caráter episódico, bem como durar meses ou anos; pode desaparecer por um determinado período e, depois, reaparecer; pode ser limitada a uma determinada fase da vida e nunca mais reaparecer.

199 Às vezes, a pessoa se sente profundamente entediada e triste, não consegue combinar nada e organizar seus dias satisfatoriamente; outras vezes, depois de dias de tensão em que ela teve que enfrentar tarefas particularmente exigentes, de repente é assaltada por um grande cansaço, sentindo uma necessidade impelente de parar e degustar como "recompensa" um momento de prazer. Nesses casos, a masturbação é uma resposta fisio-psicológica a esses estados emotivos.

200 "Por "moratória social" entendo o conceito de E. Erickson de que os anos da adolescência e da juventude se converteram num *parque* para os jovens, já que o estudo, a falta de trabalho e o não compromisso com responsabilidades matrimoniais fazem com que permaneçam muito tempo numa zona de espera que não os ajuda nem na maturidade nem na responsabilidade" (J. R. Prada, *Psicologia & Formação*, Ed. Santuàrio, 2013, 152).

201 Boyd, Deirdre. **Liberarsi dalle dipendenze**. Milano: Mondadori, 2000. p. 3.

3.10.4. Avaliação ética da masturbação

Os teólogos da Escolástica, com base na Sagrada Escritura, consideravam a masturbação uma *impuridade*[202]. A partir da Idade Média, ela foi vista como um *ato contra a natureza*[203] e um *prazer desordenado*[204].

Os teólogos contemporâneos propõem novos critérios de avaliação.

a) *Distinção entre "pecado formal"* e *"pecado material"*: a partir do conhecimento da psicologia humana, especialmente da psicologia do inconsciente, alguns teólogos acreditam que, na maioria dos pecados desse gênero (masturbação), não há responsabilidade moral suficiente para atribuir às pessoas (principalmente aos adolescentes) uma culpa grave[205].

b) *Opção fundamental*: outros autores, para explicar que o ato masturbatório nem sempre é pecado grave, recorrem à categoria da "opção fundamental" como critério de avaliação.

---

[202] Faz referência a 1Cor 6,9 s.

[203] Segundo São Tomás de Aquino, a masturbação é um ato que vai contra a finalidade atribuída por Deus ao sêmen humano (S.Th. n-u, q. 153, aa. 2-3, ad 1): a natureza deu o sêmen para a produção de um novo ser; jogar fora o sêmen é ir contra sua própria natureza, é um ato que vai "contra a geração da prole" e constitui um "perigo para a continuidade da espécie humana".

[204] "Desordem" do prazer: o prazer masturbatório é considerado ilícito porque a ação que a acompanha é ilícita.

[205] A maior ou menor responsabilidade moral é julgada diferentemente pelos diversos teólogos. Alguns chegam à presunção geral de que os pecados sexuais são graves apenas materialmente. Outros, com atitude mais prudente, preferem afirmar que são frequentes os casos em que não ocorre culpa subjetiva grave. Deve ser julgado caso a caso. Nessa linha, mas com ainda mais cautela, se coloca também a 'Declaração *Persona humana* da Congregação para a Doutrina da Fé (1975): "*Quanto a esta matéria da masturbação, a psicologia moderna oferece numerosos dados válidos e úteis para formular um juízo mais equitativo acerca da responsabilidade moral e para orientar a ação pastoral. Ajuda a ver como a imaturidade da adolescência, que às vezes pode prolongar-se para além desta idade, o desequilíbrio psíquico ou o hábito contraído podem influir sobre o comportamento, atenuando o carácter deliberado do ato, e fazer com que, subjetivamente, nele não haja sempre falta grave. Entretanto, a ausência de responsabilidade grave não se pode presumir de maneira geral; isso seria desconhecer a capacidade moral das pessoas*" (n. 9).

c) *Natureza e finalidade da sexualidade*: outros teólogos *reinterpretam, numa perspectiva personalista, os dois argumentos tradicionais* em que se baseava a condenação da masturbação: "agir contra a natureza" e "prazer desordenado". O "contra a natureza" não é mais entendido simplesmente como a frustração voluntária de uma finalidade biológica, mas como algo que se põe contra a *natureza humana*, ou melhor, *pessoal*. A sexualidade, embora incorpore valores biológicos, é expressão da pessoa como um todo; o verdadeiro sentido da sexualidade humana é definido pela relação interpessoal, e a masturbação frustra e anula esse caráter relacional interpessoal. Por outro lado, a "desordem" não está no prazer em si, mas no fato de que o prazer sexual é buscado e experimentado sem referência a uma pessoa amada; quem se entrega à masturbação procura exclusivamente o próprio prazer, vive a sexualidade no círculo fechado de si mesmo: um comportamento egoísta.

d) *Relação interpessoal*: ultimamente, na reflexão personalista, há uma tendência entre os teólogos a acentuar o aspecto intersubjetivo de forma cada vez mais radical, destacando o poder de doação e de relação interpessoal própria da sexualidade. O fundamento da negatividade moral da masturbação, mais do que na frustração do fim procriador da sexualidade, estaria na sua *separação estrutural do amor*. A masturbação, de fato, é um comportamento solipsista, desprovido de qualquer abertura ao outro e, portanto, incapaz de dar à sexualidade seu autêntico valor humano[206].

Além disso, para decidir a *real dimensão moral* da masturbação, vários teólogos consideram as *condições pessoais* como *elementos*

---

[206] Um olhar superficial sobre a masturbação leva facilmente a considerá-la um "ato solitário". Na realidade, na masturbação há uma "presença imaginativa". São nessas "fantasias" que a acompanham — as quais podem ser conscientes ou inconscientes — onde reside o conteúdo psíquico da masturbação, e elas mesmas nos dão a chave de leitura para entender o significado do comportamento masturbatório (Cf. Giovanni Cipriani, *L'attività masturbatoria nell'adolescenza*, cit.).

objetivos que levam ao ato masturbatório; assim, a masturbação na adolescência é muito diferente da masturbação na idade adulta.

Nessa perspectiva, é evidente que a compreensão psicológica e o juízo moral da masturbação devem ser diversificados conforme ela se apresenta: um *sintoma de um atual crescimento*, um *comportamento bastante enraizado* (= hábito) ou uma *atitude mental profundamente negativa* (= mentalidade autoerótica)[207].

Tendo presentes essas contribuições teológicas, podemos concluir que a masturbação deve ser avaliada a partir do histórico de cada pessoa, de seus valores e projetos de vida, da sua caminhada de fé e de seus compromissos na sociedade e na Igreja: uma vida egoísta ou altruísta se manifesta no conjunto das experiências da vida da pessoa, e não apenas no campo sexual. Se a pessoa tem uma vida "egocêntrica", é difícil um crescimento moral e psicológico na área da sexualidade.

É nessa linha que vai o catecismo da Igreja Católica: "Para formar um justo juízo sobre a responsabilidade moral dos sujeitos e orientar a ação pastoral, dever-se-á levar em conta a imaturidade afetiva, a força dos hábitos contraídos, o estado de angústia ou outros fatores psíquicos ou sociais que minoram ou deixam mesmo extremamente atenuada a culpabilidade moral" (n° 2352).

3.11. Pornografia

A pornografia — sobre a qual se fala e se reflete pouco, como se psicologicamente fosse algo normal — afeta um número sempre crescente de pessoas[208]. A etimologia nos ajuda a entender o significado:

---

207 Cf. Giovanni Cappelli. Autoerotismo. *In*: Cf. Aa. Vv. **Nuovo dizionario di Teologia morale**. Milano: Paoline, 1990.

208 A difusão *on-line* da pornografia e as dimensões dos *negócios* conectados atingiram níveis inimagináveis e assustadores, tornando-a, agora, mais facilmente acessível a menores. Estima-se que os sites pornográficos do mundo considerados legais por serem pornografia "adulta" somem bem mais de 4 milhões.

"pornografia" deriva do grego πόρνη (*porne*) = *prostituta*[209] e γραφή (*grafè*) = *desenho, escrito*. Em outras palavras, pornografia[210] é tudo o que é representado (desenhos, fotos, imagens, escritos, filmes etc.) com a finalidade explícita de despertar fantasias eróticas e provocar um estado de excitação sexual na pessoa[211].

Perfil psicológico dos consumidores de cibersexo

O termo *cibersexo* (em inglês *cybersex*) é um neologismo do final do século XX, derivado da união da palavra grega κυβερνήτης com *sex*[212]. Dessa forma, cibersexo, ou *sexo virtual*, designa a atividade sexual mediada por computadores ou pela internet.

Vários autores se interessaram em conhecer o perfil psicológico dos consumidores de cibersexo[213] e concluíram que a busca pela pornografia é sempre o sintoma de uma dificuldade psíquica da pessoa[214]. De fato, o *cibersexo* geralmente se enraíza em personalidades que apresentam dificuldades na vida cotidiana juntamente a feridas passadas, principalmente na área da *autoestima* e

---

209 A *porné* na Grécia era a prostituta.

210 Parece que o termo foi introduzido por Restif de la Bretonne, com a obra *Le pornographie*, escrita em 1769 para um projeto de reforma da prostituição. No início do século XIX, ele foi usado para distinguir a "pornografia" da arte.

211 Desde sempre, há debate sobre a "fronteira" entre a arte, o erotismo e a pornografia. Basta pensar na exposição apresentada como "artística" pelos seus organizadores em Belo Horizonte, em setembro de 2017, intitulada *Queermuseu* (Museu Transviado)!

212 *Cyber* é um prefixo derivado do termo inglês *cybernetics*, cibernética. Esta é uma palavra derivada do grego κυβερνήτης (kybernetes) que tem o significado literal de "timoneiro" e, por extensão, "aquele que guia e governa uma cidade ou um Estado".

213 Aqui estamos falando do consumidor habitual, e não do consumidor ocasional.

214 Búrdalo, B. **Amor y Sexo en Internet**. Madrid: Edit. Biblioteca Nueva, 2000.

A. Cooper. **Sexualidad en Internet**: de la exploración sexual a la expresión patológica, 1998;

Cantelmi T.; Lambiase, E.; Sessa A. Quando il sesso fa male. La dipendenza sessuale. *In*: Caretti V.; La Barbera E. M. P. (a cura di). **Le dipendenze patologiche**. Clinica e psicopatologia. Milano: Raffaello Cortina Editore, 2005.

do *relacionamento*[215]. "As histórias de pornodependentes revelam um profundo mal-estar interior, um sentimento de autorrecusa e autodesprezo, a ponto de que a navegação contínua em sites pornográficos é percebida como uma forma de cobiça e condenação ao mesmo tempo: é a dinâmica crime/punição própria do sentimento de culpa"[216].

Psicólogos e psicoterapeutas observam que um dos pontos em comum naquelas pessoas que procuram a pornografia é a presença de uma ferida em sua psicodinâmica: um trauma, uma violência, um abandono, um divórcio, um luto não processado, que se tenta compensar com a pornografia, vista como uma substituição de gratificação facilmente disponível. Outras causas podem ser encontradas na falta de iniciativas e de interesses, no tédio e na ausência de autoconhecimento[217].

A busca pela pornografia revela também uma vida vazia, sem sentido, sem rumo. Ela indica uma personalidade superficial, sem um claro projeto de vida, voltada para a gratificação imediata, incapaz de apreciar o valor do limite e do autodomínio, indispensáveis para crescer na estima pessoal.

Consequências psicológicas

Geralmente, caso seja cristã, a pessoa me pergunta se a pornografia é pecado. Eu respondo: "A pergunta que você deve se fazer não é: 'É pecado?', mas: '*ela está em sintonia com a minha identidade?*". O critério psicológico é mais severo que o critério ético. E pergunto: "*Você sabe quais são os riscos da pornografia?*". Aos adolescentes e jovens questiono: "*Você sabe quais são as consequências sobre sua personalidade ainda em formação?*". E ainda: "*Qual* é a visão que você tem d*e si mesmo, da pessoa, do homem e da mulher?*".

---

215 Cf. Cucci, Giovanni. Cybersex. Una dipendenza insidiosa. *In*: "**La Civiltà Cattolica**" 2019 II 540-552.

216 Cucci, Giovanni, *Affrontare la piaga della pornografia*. In: "**La Civiltà Cattolica**" 2019 III 23-34 I 4057 (6/20 luglio 2019).

217 Giovanni Cucci. **Affrontare la piaga della pornografia**..., cit.

Estudos e pesquisas revelam que a pornografia desempenha um papel sempre mais alarmante nas agressões sexuais e nos abusos de menores[218], até nos casos de crianças que abusam de crianças[219].

Outras pesquisas mostram que a pornografia produz psicodependência, criminalidade, psicopatologias, sofrimento e comportamentos desviantes[220]. É comprovado também que a sexualidade compulsiva "ativada" pelo uso da pornografia pode se tornar a antecâmara de comportamentos criminosos[221], como a pedofilia, e acaba desencadeando ansiedade, depressão, manias obsessivas e dificuldades de relacionamento[222].

---

218 Segundo os dados de 2017 da IWF (Internet Watch Foundation), de 7 em 7 minutos uma página da web envia imagens de crianças abusadas sexualmente. Em 2017, foram identificados 78.589 URL contendo imagens de abuso sexual, concentrados de forma particular na Holanda, seguida por Estados Unidos, Canadá, França e Rússia. 55% das vítimas têm menos de 10 anos; 86% com meninas, 7% com meninos, 5% com ambos. "Dos estudos realizados, nos últimos anos, sobre o fenómeno dos abusos sexuais contra menores, resulta também que o desenvolvimento da *web* e dos mass-media contribuiu para aumentar significativamente os casos de abusos e violências perpetrados *online*. A difusão da pornografia cresce rapidamente no mundo através da internet. O flagelo da pornografia assumiu dimensões assustadoras, com efeitos deletérios sobre a psique e as relações entre homem e mulher, e entre estes e os filhos. É um fenómeno em crescimento contínuo. Uma parte considerável da produção pornográfica tem, infelizmente, por objeto os menores, que deste modo ficam gravemente feridos na sua dignidade. Estudos neste campo documentam que isto acontece sob formas cada vez mais horríveis e violentas; chega-se ao extremo dos atos de abuso sobre menores comissionados e seguidos ao vivo através da internet" (Papa Francisco, *Discurso* no Encontro "A Proteção dos menores na Igreja", 24 de fevereiro de 2019).

219 Quando leio que um adolescente estupra sua irmã de nove anos, eu não fico revoltado contra o adolescente, mas sim contra uma sociedade permissiva, que não admite regras e limites, como se todos tivéssemos maturidade e autocontrole suficiente para lidar com nossas pulsões sexuais (Cf. https://www.em.com.br/app/noticia/gerais/2022/03/10/interna_gerais,1351660/adolescente-estupra-irma-de-9-anos-em-monte-alegre-de-minas-e-foge.shtml. Acesso: 12/03/2022

220 Cf. Hargot, Thérèse. **Una gioventù sessualmente liberata (o quasi)**. Venezia: Sonzogno, 2017.

221 "O ambiente digital é também um território de solidão, manipulação, exploração e violência, até ao caso extremo da *dark web*... Difundem-se novas formas de violência através das redes sociais, como o *cyberbullying*; a *web* é também um canal de difusão da pornografia e de exploração de pessoas para fins sexuais ou através do jogo de azar" (Papa Francisco, Exortação apostólica pós-sinodal *Christus vivit*, 2019, n. 88).

222 "A pornografia se tornou mais violenta. Cerca de 80% dos 15 filmes mais vistos retratam mulheres sendo agredidas, cuspidas, chutadas, chamadas de nomes degradantes...

Na infância, a pornografia, como também certas publicidades de cunho sexual contínuo e inadequado, é uma "tempestade" hormonal que contribui para a hipersexualização de meninos e de meninas com consequências na área emocional e sexual, levando-a para relações sexuais e abortos precoces, inclusive para transtornos parafílicos, conforme descrito no DSM-5.

Na adolescência, a pornografia é considerada uma forma de regressão[223] e um perigo para o equilíbrio emocional do adolescente, tendo em vista a defasagem entre a maturidade biológica e a "maturidade" das emoções dessa idade.

Donald Hilton Jr, da *University of Texas Health Science Center*, destaca a influência da pornografia no funcionamento do cérebro: quanto mais cedo a criança for exposta a imagens pornográficas, mais cedo será influenciada por um certo imaginário, dominado por emoções que não é capaz de processar e digerir. Desse ponto de vista, é interessante notar que a adolescência começa com uma antecipação crescente. Por outro lado, o desenvolvimento do cérebro e do senso de responsabilidade continua a seguir o tempo habitual e pode ser até adiado. Por isso, estamos diante deste fenômeno: uma maturidade muito precoce do corpo à qual não corresponde a maturidade relacional e cognitiva e a consciência da própria identidade e da própria vida sexual. Esse contraste é preocupante, pois os adolescentes têm um comportamento sexual, mas nem sempre eles têm plena consciência dos próprios atos[224].

Mesmo diante desses problemas, parece que não há vontade, por parte dos órgãos públicos, de "controlar" a pornografia. T. Hargot, uma jovem sexóloga belga, diz que a sexualidade hoje está "doente e distorcida". Sua opinião sobre a pornografia é direta: "Não queremos enfrentar o problema porque, mesmo que os danos causados

---

Cerca de *25% de todos os crimes sexuais são cometidos por menores de idade*" (Rene McCreary).

223 Sobre a pornografia na adolescência cf.: RESTA, FEDRICA. **Vecchie e nuove schiavitù**. Milano: Giuffré Editore, 2008.

224 *Ata* do "Congresso internazionale", presso la Pontificia Università Gregoriana a Roma dal 3 al 6 ottobre 2017. *In*: LA CIVILTÀ CATTOLICA. La dignità dei minori nel mondo digitale. 2017 IV 333-338 / 4018 (18nov./2dic. 2017).

aos jovens sejam evidentes, os adultos são os primeiros a usá-la e não querem abrir mão dela. Além disso, o dano está presente tanto nos jovens quanto nos adultos e, no entanto, se 'enfia a cabeça na areia', como o avestruz".

Dependência psicológica

A dependência sexual da pornografia é cada vez mais estudada no contexto psicológico e terapêutico. E. Lambiase escreve que "a internet apresenta o círculo vicioso, típico de todo vício doentio (isto é, destinado a impedir a promoção das habilidades do sujeito, empobrecendo cada vez mais sua vida). Um dos sintomas predominantes é a *incapacidade de manter o controle* e, consequentemente, o aumento progressivo do tempo dedicado à pornografia, com foco na busca compulsiva do prazer em detrimento de outras dimensões importantes da vida. Assim, a sexualidade torna-se também uma forma de autopunição por algo percebido como desprezível e, ao mesmo tempo irresistível";[225] é o que os especialistas chamam de *craving*[226].

Lambiase observa também que a "difusão desse vício decorre do empobrecimento das relações interpessoais presenciais, da falta de atenção à dimensão emocional e aos valores. Uma atitude que prejudica a capacidade de amar, que exige humildade e coragem: humildade no reconhecimento dos próprios limites e na aproximação à alteridade; coragem em abandonar nossas certezas para se aventurar no inexplorado. O desejo, por outro lado, é uma ânsia de consumir, absorver, devorar, ingerir e digerir"[227].

Pistas terapêuticas

A psicodependência da pornografia não está ligada a problemas sexuais, à falta de parceiros ou à carência de atividade sexual; de fato,

---

[225] LAMBIASE, Emiliano. **La dipendenza sessuale**. Diagnosi e strumenti clinici. Roma: Carocci, 2019.

[226] Desejo compulsivo por uma substância psicoativa, por um determinado alimento ou por qualquer outro objeto e comportamento gratificante.

[227] LAMBIASE, Emiliano. **La dipendenza sessuale**..., p. 120.

ela atinge solteiros e casados, independentemente da idade, do sexo e da condição econômica e social[228].

A superação da pornografia pressupõe mudanças profundas no estilo de vida e um reexame da identidade de si, reescrevendo a história do próprio *ego*[229]. P. Kleponis, psicoterapeuta norte-americano e diretor de um centro de recuperação de cibersexo, desenvolveu um programa de recuperação da psicodependência da pornografia que eu vou resumir em quatro pontos[230]:

1) Como em todas as formas de dependência, é essencial reconhecer que tem o problema; dessa forma, em geral, é impossível sair dele sozinho e, portanto, é necessário deixar-se ajudar. Esse é o passo mais difícil, mas mais importante.
2) Saber quais são os fatores que levam à pornografia. Esses fatores não são necessariamente sexuais (mais fáceis de identificar); podem estar ligados, por exemplo, a determinados estados de ânimo (tédio, fadiga, vazio interior), a feridas psicológicas, principalmente a feridas relacionadas à autoestima e à afetividade[231]. Tais fatores, muitas vezes ocultos e transversais, são os que mais provocam o cibersexo.
3) A esses fatores devem ser adicionadas as ocasiões externas e os momentos críticos, como a hora da noite, a solidão no

---

228 Cf. SIIPAC. Dipendenza da pornografia. **SIIPAC**, [S. d]. Disponível em: https://www.siipac.it/dipendenza-da-pornografia/. Acesso em: 06 abr. 2020.

229 Cf. Giddens, Anthony. **La trasformazione dell'intimità**. Sessualità, amore ed erotismo nelle società odierne, Bologna: il Mulino, 1995;
Scicchitano, Marco; Guzzo Giulliano. **Restare umani**. Sette sfide per non rimanere schiacciati dalla tecnologia. Roma: Città Nuova, 2018

230 Kleponis, Peter. **Uscire dal tunnel**. Dalla dipendenza da pornografia all'integrità. Crotone: D'Ettoris, 2018.

231 "O retorno às feridas é essencial para um processo de cicatrização. Isso prevê etapas diversificadas, que tocam os vários aspectos da vida, [...] Trabalhar para alcançar novos objetivos na vida e construir uma visão positiva para o futuro. Quando as feridas estão cicatrizadas, não há necessidade de se automedicar". (P. Kleponis, *Uscire dal tunnel...*, cit., 264).

tempo livre, um dia agitado, um relacionamento conflituoso, o *burn-out*, um fracasso, uma frustração no trabalho etc[232].

4) Vigilância: a ocasião "pode ser uma pessoa, um lugar, uma coisa, uma tecnologia, uma situação, um pensamento, uma recordação. Ter consciência desses gatilhos e aprender como evitá-los ou como lidar com eles da maneira correta ajuda o *cybersexer* (consumidor de pornografia) a evitar a pornografia"[233]. São esses "gatilhos" que puxam o "ritual", a modalidade com a qual habitualmente se acede ao cybersexo. Ter conhecimento desses fatores desencadeantes e dos rituais fortalece a vigilância e ajuda a enfrentar os momentos críticos de forma mais saudável e lúdica[234].

A esses pontos de Kleponis eu acrescento mais dois:

5) Higiene mental. À *raiz de um comportamento está sempre um pensamento*; *e as ideias que cultivamos influenciam as ações que decidimos tomar e os resultados que vamos colher.* Para mudar nosso comportamento, devemos primeiro "higienizar" nossa mente. A primeira higienização ou conversão é considerar cada indivíduo como *pessoa* que tem a minha mesma dignidade, e não como *objeto* sexual[235]. Essa higienização é importante para desintoxicar a mente e dar espaço a outros pensamentos que estimulem a criatividade e o desejo de cultivar relacionamentos saudáveis[236]. A segunda conversão é o

---

232 Cucci Giovanni S. I. **Affrontare la piaga della pornografia**. La Civiltà Cattolica 2019 III 23-34 I 4057 (6/20 luglio 2019)

233 Kleponis, Peter, *Uscire dal tunnel...* cit.

234 Para chegar a esse autocontrole, é extremamente preciosa a ajuda de um "grupo de apoio". O apoio é eficaz também diante de possíveis recaídas que, se vividas na solidão, podem levar ao desânimo e à autopunição, pois o problema é considerado forte demais. Por sua vez, o desânimo pode levar à retomada dos hábitos viciosos.

235 *Imperativo ético* de E. Kant.

236 A pornografia, com o tempo, pode levar a um comportamento compulsivo. A pessoa não consegue mais controlar e perceber o tempo que gasta (até 10/12 horas consecutivas) vendo imagens e filmes pornográficos, isolando-se da realidade, de suas necessidades e de compromissos diários.

mundo da internet, não mais visto como um supermercado de erotismo, mas como meio de comunicação e de aprendizado.

6) Recaídas. Precisa levar em conta que o caminho para se libertar da pornografia nunca é linear, mas sim cíclico. É importante destacar isso a fim de que a pessoa não desanime e volte ao vício como maneira de punir a si mesmo, considerando-se "sujo".

Educar aos valores

Vários estudos revelam que, em geral, a pornografia não é um tema muito tratado na família e nas escolas. Os dados mostram que, ainda, há certo pudor em falar sobre isso, subestimando os riscos psicológicos associados à hipersexualização de menores.

É necessário falar e "comunicar" em família sobre a sexualidade e a pornografia para evitar a dependência do sexo (*sexomania*). Assim, não devemos dar como certo que as crianças aprendam, na escola ou no "grupo de pares", a maneira adequada para lidar com ambas. A sexualidade é parte integrante da pessoa, completando-a, fazendo-a se emocionar e se expressar, enquanto a pornografia é mercantilização, vulgarização, brutalização do sexo e, consequentemente, da pessoa[237]. É o que destaca M. A. Layden, da Universidade da Pensilvânia: a "pornografia veicula imagens de uma relação entre os sexos que mostram um homem dominante e uma mulher submissa, envia mensagens de que a mulher gosta de ser humilhada, de sofrer; a propagação da pornografia está desencadeando a disseminação de práticas sexuais que infligem dor às mulheres".[238]

A sexualidade não pode ser reduzida à pornografia nem à virtualidade, à mania sexual e à fobia sexual. Ela expressa uma personalidade, constituindo uma linguagem e comunicação, dom de si. É um

---

[237] "*O que é pornografia senão um fantasma filmado?*" (J.-A. Miller. **L'inconscio e il corpo parlante.** *In*: Associazione Mondiale di Psicoanalisi, *Scilicet. Il Corpo Parlante. Sull'inconscio nel XXI secolo,* X Congresso AMP, Rio de Janeiro, Alpes Roma 2016, p. XXIV).

[238] Mary Anne Layden, *Ata* do "*Congresso internazionale*", presso la Pontificia Università Gregoriana a Roma..., cit.

componente do desenvolvimento físico, mental, espiritual, moral e social que deve ser garantido a toda criança. Por isso, tanto a legislação nacional quanto as fontes internacionais devem proteger as crianças e os jovens da pornografia como possíveis sujeitos ativos ou passivos[239].

Os adultos devem educar os adolescentes e os jovens para uma sexualidade madura e responsável — talvez mais do que em outros campos — pelo exemplo de sua vida. Conforme explica o psicoterapeuta A. Pellai: "A pornografia proporciona uma excitação imediata, mas esvazia a sexualidade de qualquer significado emocional e relacional; transforma-a numa atividade orientada unicamente para a busca de um prazer imediato onde o outro não é um sujeito a ser amado, mas um objeto a ser usado. Nós, pais, temos o dever de levar uma vida 'porn-free' (livre de pornografia), de modo a testemunhar aos nossos filhos que, apesar de uma oferta cada vez demasiada e acessível de material proibido aos menores, somos capazes de administrar nossa sexualidade orientando-a para valores e significados que não respondem a princípios puramente pulsonais e instintivos"[240].

Educação sexual não é apenas anatomia e fisiologia do corpo; ela é, primeiramente, educação aos valores da pessoa. "Às novas gerações precisa oferecer um acompanhamento educativo, relacional, mas o verdadeiro desafio é oferecer uma visão diferente da pessoa e da sexualidade, especialmente aos adolescentes. Não podemos nos limitar a oferecer importantes indicações técnico-ilustrativas, quase manuais (como funcionam os órgãos sexuais, como não contrair doenças sexuais, como não ter gravidezes indesejadas etc.), mas precisa ajudá-los a redescobrir a beleza e o poder da sexualidade como a suprema esfera expressiva da pessoa, como ponte relacional com o outro, como código comunicativo de dom e vínculo mútuo. É preciso ajudá-los a educar os sentimentos, afetos, projetos, junto com as relações eróticas e genitais.

---

239 É bom lembrar que a sexualidade é um componente do desenvolvimento físico, mental, espiritual, moral e social que deve ser garantido a toda criança e deve ser garantido ainda mais diante de estímulos e armadilhas que possam vir da web (UNICEF, Convenção sobre os Direitos das Crianças, art. 27).

240 PELLAI, Alberto. L'educazione sessuale dei figli tra controllo e dialogo. **La Repubblica**. Disponível em: 24 fev. 2021.

Porque 'fazer amor' é, antes de tudo, abraçar completamente o outro, doar-se totalmente. E isso precisamos comunicá-lo com firmeza, contra uma cultura consumista que corre o risco de incinerar a beleza da sexualidade no consumo egoísta, finalizada a si mesmo, que deixa, no final, somente o 'amargo na boca'".[241]

3.12. Parafilias

As parafilias[242] são fantasias, impulsos ou comportamentos sexualmente excitantes recorrentes e intensos que envolvem objetos inanimados, crianças ou adultos sem consentimento. Nesses tipos de comportamento, o prazer sexual é conseguido mediante sofrimento ou humilhação de si ou do parceiro. Em alguns casos, fala-se de *desvio sexual*, *perversão sexual*, *transtorno sexual*, *distúrbio sexual*[243].

O DSM-5 considera *parafilias* todos os comportamentos sexuais atípicos para os quais o sujeito sente uma forte e persistente excitação erótico-sexual. Podemos classificá-las em diferentes categorias: *exibicionismo* (mostrar a nudez para os outros), *fetichismo* (observar objetos e roupas), *travestismo* (vestir roupas do outro sexo), *voyeurismo* (assistir a relações sexuais de outros), *sadismo* (infligir humilhações, violências ao parceiro), *pedofilia-efebofilia* (ter relações sexuais com crianças e

---

241 Belletti, Francesco Educazione sessuale? Oggi la impartisce Internet. **Centro Internazionale Studi Famiglia**, 2019.

242 "Parafilia" deriva do grego *pará* (παρά) = *perto*, *além*, e *filia* (φιλία) = *amor*, *afinidade*. Poderíamos dizer: algo que tem a aparência de amor, mas não é amor.

243 Usa-se o termo *desvio* para falar de tudo o que na vida sexual se afasta da linha ideal estabelecida pela natureza. Usa-se o termo *perversão* para designar algumas condições particulares mais aberrantes, nas quais a satisfação sexual é alcançada por meio de modalidades que, até ao profano, parecem perversas ou repulsivas.
A APA (American Psychiatric Association) na quarta edição do DSM IV-TR (Manual Diagnóstico e Estatístico de Transtornos Mentais), publicado em 2000, deixa os termos *perversões* e *desvios*, considerados 'judicantes' e moralistas, para manter somente o termo *parafilia*. Os mesmos critérios de avaliação são encontrados também na décima edição do CID (*Classificação Estatística Internacional de Doenças e Problemas Relacionados à Saúde* - CID-10, 1992). Em âmbito psicológico, o termo parafilia é preferível, pois enfatiza corretamente o fato de que o desvio (*para*) depende do objeto pelo qual a pessoa é atraída (*filia*).

adolescentes)[244], *masoquismo* (obter o prazer sexual por meio do próprio sofrimento), *frotteurismo* (esfregar uma pessoa) e *parafilias não especificadas*, ou seja, todas aquelas que não atendem aos critérios de nenhuma categoria específica [245].

Alguns desses comportamentos são meras preferências sexuais que se desviam da norma, enquanto outros podem chegar a ser considerados uma doença, marcada por descontrole na vida relacional ou por riscos para terceiros. A delimitação com aquilo que é "a norma" nem sempre é fácil; entre o "normal" e o "patológico", há uma transição gradual, sendo difícil distinguir o preciso momento em que a fronteira de uma para a outra é atravessada.

As parafilias são consideradas um *distúrbio* quando os objetos ou situações se apresentam com as características de *exclusividade, continuidade* e *compulsividade.* Na avaliação, precisa-se distinguir sempre o comportamento *exclusivo, contínuo* e *compulsivo* do comportamento transitório e limitado dentro de uma sexualidade normal. Isso porque podemos encontrar um indivíduo que tem uma parafilia, mas não um transtorno parafílico, do mesmo modo como podemos encontrar indivíduos que manifestam duas ou mais parafilias[246].

Quando a condição erótica desses comportamentos é vivida em perfeita sintonia com o *ego*, fala-se de *egosintonia* ou *comportamento egosintónico*; quando o comportamento se torna uma forma de dependência e a pessoa vive o sentimento parafílico com desconforto, sofrimento e prejuízo, fala-se de *egodistonia* ou de *comportamento egodistónico*[247].

3.12.1. Masoquismo

O masoquismo consiste em obter o prazer sexual por meio do próprio sofrimento, físico ou moral. Nas relações eróticas, o prazer é

---

[244] Liggio, Fernando. **Le parafilie maggiori**. Alpes Italia, 2013

[245] Cf. Quattrini, Fabrizio. **Parafilie e devianza**. Psicologia e psicopatologia del comportamento sessuale atipico. Giunti Editore, 2015.

[246] Geralmente a presença de parafilias múltiplas pode ser uma coincidência ou ter relação com alguma vulnerabilidade reativa ao desenvolvimento psicossexual.

[247] APA, *DSM-5, Transtornos parafílicos.*

procurado por uma submissão humilhante e dolorosa ao parceiro. A pessoa pode chegar até se rebaixar ou sofrer humilhação, ser violentada ou se colocar em situações de violência para sentir prazer.

Uma forma particularmente perigosa é a *hipoxifilia*: excitação sexual por privação de oxigênio. Para aumentar o prazer sexual, a pessoa pratica jogos de controle de respiração, que pode ser feito com a redução do oxigênio, a compressão do pescoço com laço, gravata, saco plástico, máscara, substância química etc. ou a compressão do tórax, evitando a asfixia antes de perder os sentidos. O psicólogo J. Curra explica que, quando as artérias carótidas são comprimidas, a súbita perda de oxigênio no cérebro e o acúmulo de dióxido de carbono provocam sentimentos de vertigem, tontura e prazer[248]. O jogo envolve riscos sérios, pois a hipoxifilia pode ocasionar a morte devido à incapacidade de usar os sistemas de proteção ou à incorreta amarração do laço. Além da morte por asfixia ou parada cardíaca, a hipoxifilia pode causar danos cerebrais, danos aos vasos sanguíneos do pescoço, ruptura da traqueia, fratura da laringe e acidente vascular cerebral.

3.12.2. Sadismo

O sadismo é o masoquismo ao contrário: a pessoa sádica sente prazer sexual em machucar ou magoar o parceiro. Assim, o que a excita sexualmente é o sofrimento psicológico ou físico da vítima. O impulso pode se manifestar durante a relação sexual com um parceiro ou com pessoas não consensuais (violência sexual)[249].

3.12.3. Travestismo

O travestismo (ou travestitismo) é um transtorno no qual o indivíduo sente prazer sexual em assumir a aparência típica do sexo oposto, como a vestimenta de suas roupas e o uso de seus acessórios, como no caso de homens que utilizam roupas femininas e maquiagem.

---

248 JOHN CURRA. **The Relativity of Deviance**. Los Angeles: Editora Sábio, 2000.

249 FRIGIERI, MICHELE; MICOLI, Alessia. **Il sadomasochismo come relazione sociale**. Le parafilie del quotidiano. Amon, 2012.

"O transtorno ocorre em homens (raramente em mulheres), adolescentes e adultos heterossexuais (ou bissexuais) para os quais o comportamento de travestismo produz excitação sexual, sem colocar em discussão seu gênero primário. Ocasionalmente, o transtorno é acompanhado por disforia de gênero"[250].

No travestismo, existe, sim, o desejo de assumir alguns comportamentos do sexo oposto, mas sem a vontade da mudança física do corpo. Um homem que se "traveste" não se sente mulher; ele se sente homem e continua a se considerar homem[251].

Às vezes, pode não se tratar de uma verdadeira parafilia, mas de um jogo que não afeta a identidade da pessoa.

3.12.4. Voyeurismo

O voyeurismo[252] é um transtorno que consiste em espionar outras pessoas nuas ou em atividades sexuais para conseguir a excitação sexual. Geralmente, a espionagem tem a finalidade de obter a excitação sexual sem querer nenhuma atividade sexual com a pessoa.

3.12.5. Exibicionismo

Esse distúrbio consiste em mostrar os próprios genitais em público para se sentir sexualmente excitado. O exibicionista é homem, e as vítimas são quase exclusivamente mulheres. Geralmente, o indivíduo com esse transtorno não é perigoso, precisando somente ser observado para alcançar o prazer sexual.

3.12.6. Frotteurismo

O frotteurismo é caracterizado por impulsos sexuais intensos e recorrentes e por fantasias sexualmente excitantes que levam o sujeito a

---

250 APA, *DSM-5*.

251 Travestismo não é sinônimo de transexualidade ou de transgênero: o travesti pode ser um homossexual ou heterossexual que se traveste para vivenciar um aspecto secundário de sua personalidade; ele se considera fundamentalmente masculino, enquanto o transexual tem um problema de identidade: anatomicamente masculino, ele tem uma identidade sexual feminina.

252 Do francês *voyeur* = ver, observar.

esfregar uma pessoa (sem ela perceber e ser consenciente) para conseguir o prazer sexual[253]. O *fretuarista* aproveita todos em lugares lotados (calçadas movimentadas, ônibus, trens etc.) para esfregar seus genitais contra as coxas ou nádegas da vítima ou para acariciar seus genitais ou seios.

3.12.7. Fetichismo

As manifestações essenciais deste transtorno são impulsos sexuais recorrentes e intensos, além de fantasias sexualmente excitantes, que envolvem o uso de objetos inanimados (fetiches, do francês *fétiche*). Geralmente, os fetiches são as roupas íntimas femininas. O sujeito fica excitado segurando essas roupas na mão, simplesmente olhando para elas ou pedindo ao parceiro que a use durante o relacionamento sexual.

3.12.8. Necrofilia

A necrofilia é a excitação e a prática sexual com cadáveres[254]. Há uma *necrofilia comum* quando o ato sexual é praticado com pessoas mortas; *necrofilia homicida* quando o necrófilo mata para fazer sexo com suas vítimas; e *necrofilia fantasiada* quando a relação não é consumada, mas as fantasias são constantes e excitantes. As causas desse transtorno devem ser procuradas nos *traumas de infância* relacionados ao sexo.

3.12.9. Zoofilia

A zoofilia é uma parafilia definida pela atração ou envolvimento sexual de pessoas com animais[255]. Na avaliação, precisa-se sempre distinguir o comportamento *exclusivo* e *compulsivo* do comportamento ocasional e dentro de uma sexualidade normal. Somente quando a zoofilia é exclusiva, é considerada uma perversão sexual e um transtorno da sexualidade[256].

---

253 Do francês *frotteur* = esfregar, sarrar.

254 Do grego νεκρός = morto, cadáver e φιλία = amor.

255 Do grego ζῶον = animal e φιλία = amor.

256 Cf.: CID-10 (Classificação Internacional de Doenças), na categoria F65.8 (Outros Transtornos de Ordem Sexual).

3.12.10. *Saliromania*

A saliromania é uma perversão sexual que leva o homem a sujar as mulheres, ou suas roupas íntimas, com substâncias coloridas (tintas etc.) para conseguir a satisfação sexual[257]. Alguns psicólogos pensam que o transtorno esteja ligado à frustração de não saber ou conseguir se relacionar de forma amorosa com as mulheres.

3.12.11. *Gerentofilia*

O termo "gerentofilia" deriva do grego *gérōn* (idoso) e *philia* (amor). Ele indica uma atração sexual de um indivíduo para pessoas em média 40 anos mais velhas do que ele. A simples diferença de idade por si só não caracteriza o transtorno; falamos deste quando a atração sexual é específica, persistente e tendencialmente exclusiva e quando o indivíduo não consegue ter relações com pessoas da própria faixa etária[258]. Sobre sua origem, uma leitura psicanalítica reconduz as causas do transtorno à falta de superamento dos complexos infantis: de Édipo e Electra.

Embora o DSM da APA e a CID da OMS nunca tenham incluído uma referência específica a esse transtorno, a gerentofilia pode ser classificada nas faixas de diagnóstico do DSM-5 como um "*Transtorno Parafílico não Especificado*".

Como algumas pesquisas revelaram que houve gerentófilos que tinham sido condenados, no passado, por violência sexual contra menores, alguns autores pensam que os sujeitos mudaram, ao longo do tempo, "da pedofilia para gerontofilia". Isso pode ter uma explicação: uma vez que o pedófilo, como vimos, prefere a criança, pois com esta ele não se sente ameaçado na sua própria imaturidade afetiva e sexual, assim a atração do homem para pessoas mais velhas é causada pela falta de confiança nas suas próprias capacidades sexuais[259].

---

[257] Do grego σάλίρος = sujo e μανία = fixação obsessiva, ideia fixa.

[258] PASQUALINI R.; MUSSI C. Come riconoscere e prevenire l'abuso degli anziani. **Giornale Italiano di Gerontologia**, v. 49, n. 42, 2001.

[259] QUATTRINI, F. **Parafilie e Devianza**. Psicologia e Psicopatologia del Comportamento Sessuale Atipico. Firenze: Giunti, 2015.

4. IDEOLOGIA DE GÊNERO

A ideologia de gênero é uma realidade social hoje. O pedido de reconhecimento social e jurídico-político por novas categorias de gênero e suas expectativas parafamiliares (união e geração como direitos)[260] são apenas alguns dos fenômenos mais visíveis em nossos dias.

4.1. Sexo e gênero

A distinção entre os termos *sexo* e *gênero* está em voga desde meados do século passado na língua inglesa, nem sempre definidos de forma idêntica. Encontramos o significado mais conhecido no Oxford English Dictionary: *sex* (*sexo*) refere-se às duas categorias principais (macho e fêmea) em que são divididos os seres humanos e a maioria dos outros seres vivos de acordo com as diferenças anatômicas e fisiológicas dos órgãos reprodutivos e com as características sexuais secundárias. Por sua vez, *gender* (*g*ênero) — usado em inglês desde o século XIV — indica o gênero das palavras (masculino, feminino ou neutro) e quer dizer "o estado de ser masculino ou feminino, usado com referência mais às diferenças sociais e culturais que às biológicas)".[261]

---

[260] Palazzani, Laura. **Identità di genere?** Dalla differenza alla in-differenza sessuale nel diritto. Milano: San Paolo, 2008.

[261] Oxford English Dictionary *on-line* version, August 1, 2014), s.v. "Sex," Noun 2. (http://www.oxforddictionaries.com/definition/english/sex) e s.v. "Genere," Noun 1. (http://www.oxforddictionaries.com/definition/english/gender#gender__12).

4.2. Teoria de gênero

De acordo com a definição da Organização Mundial da Saúde (OMS), o termo *gender* (gênero) "refere-se aos papéis, comportamentos, atividades e atributos socialmente construídos que uma determinada sociedade considera apropriados para homens e mulheres"[262]. Para distinguir as categorias de sexo, a OMS usa os termos ingleses *male* e *female* (macho e fêmea) e, no caso do gênero, utiliza as categorias *masculine* e *feminine* (masculino e feminino)[263].

Uma sucessiva distinção é aquela entre a *identidade de gênero* e o *papel de gênero*. A identidade de gênero (*gender identity*) implica que a pessoa se sente como homem ou mulher. Já o papel de gênero (*gender role*) é a maneira pela qual a pessoa é percebida pelos outros como homem ou mulher.

No âmbito dos estudos sobre o gênero, entendido como papel social do homem e da mulher, surgiu a *teoria de gênero*. Essa teoria foi desenvolvida para responder à questão de como o gênero, entendido como papel imposto à mulher pela sociedade, está enraizado no sexo, nas características biológicas e naturais do corpo. Os seguidores dessa teoria consideram o gênero como o papel (*role*) socialmente construído pelo homem e pela mulher determinado pelo sexo biológico. Compreendido dessa maneira, ele se desvincula também do "próprio ser" da pessoa, que poderia, portanto, identificar-se com outro papel de sua escolha ou de acordo com sua orientação sexual[264].

---

262 Cf. http://www.who.int/gender/whatisgender/en/.

263 Para ilustrar o significado do termo "gênero", no sentido de papel imposto pela sociedade ao homem e à mulher, a OMS oferece alguns exemplos, como: nos Estados Unidos (e na maioria dos outros países), as mulheres ganham menos dinheiro do que os homens para o mesmo trabalho; na Arábia Saudita, é permitido para homens, mas não para as mulheres, dirigir um carro; na maior parte do mundo, as mulheres realizam mais tarefas domésticas do que os homens etc.

264 EIJK,Willem Jacobus Card. **A antropologia cristã e a teoria de gênero**. Encontro das Comissões doutrinais europeias, Esztergom, 14 de janeiro de 2015.

4.3. Ideologia de gênero

Falar de *ideologia de gênero* não é falar do papel (*role*) do homem e da mulher na sociedade, é se referir a uma ideologia que anula as "duas categorias principais (macho e fêmea) em que são divididos os seres humanos de acordo com as diferenças anatômicas e fisiológicas dos órgãos reprodutivos e as características sexuais secundárias".

A palavra "gênero" vem do grego γένος e do latim *genus -nĕris*, que significa *origem*, *nascimento*, *gerar*; com sua afinidade ao termo latim *gignĕre*, quer dizer também *o que é meu próprio, algo que me pertence.* Daí, biologicamente, podemos tirar duas conclusões: o *gênero masculino* e o *gênero feminino* indicam o que é próprio do homem e da mulher e, por sua natureza, apontam para uma *nova vida*, gerar uma nova vida.

A partir do século passado, porém, o termo "gênero" perdeu seu significado originário e passou a indicar a *identidade sexual* que a pessoa escolhe ao longo de seu desenvolvimento, independentemente dos cromossomos XX ou XY. Consequentemente, o ser *mulher* não seria mais uma característica exclusiva do biológico feminino (XX), nem o ser *homem* uma característica exclusiva do biológico masculino (XY); quem determina a *identidade sexual* é a pessoa, e não mais a natureza biológica (XX e XY). Sendo uma escolha intencional e voluntária da pessoa, a identidade sexual é flexível e pode mudar quantas vezes a pessoa quiser ao longo de sua vida[265].

Para os promotores da ideologia de gênero[266], a tradicional distinção biológica e social entre homens e mulheres é uma consequência da

---

265 John Money, médico da John Hopinsk University, de Baltimore (Estados Unidos), tentou, sem sucesso, comprovar que a sexualidade depende da educação, e não da biologia. Aluno de Alfred Kinsey, Money, a quem os pais de dois gêmeos de sexo masculino imprudentemente pediram ajuda, propôs que um dos dois se tornasse "mulher" por meio de intervenções farmacológicas e cirúrgicas. A história terminou tragicamente com o suicídio de ambos os irmãos (Cf. John Colapinto. *As nature made him: The boy who was raised as a girl*, 2001).

266 Na linguagem comum, fala-se indiferentemente de *ideologia de gênero* e de *teoria de gênero* (*gender theory*). Na realidade, não é a mesma coisa. A *teoria* é um método de conhecimento racional, especulativo (Platão diria que é *contemplação*, cf. *A República*), com bases cientificas e princípios demonstráveis e repetitivos a distância de tempo. A *ideologia*, ao contrário, é a formação das ideias em abstrato, a

imposição cultural e social[267], não sendo intrínseca ao sexo biológico. A humanidade não é dividida entre homens e mulheres, mas composta de indivíduos que nascem sexualmente *neutros*, e cada indivíduo, durante sua vida, escolhe quem quer ser. Essa vontade na escolha do "gênero" deve prevalecer sobre a natureza biológica, e a nova identidade assumida deve ser reconhecida por lei, com todos os direitos ligados ao sexo biológico, como o direito de se casar com uma pessoa do mesmo sexo biológico e o direito a filhos.

4.4. Origem da ideologia de gênero

Nascida na América do Norte na virada dos anos 70 e 80, a *ideologia de gênero* se espalhou na Europa Ocidental a partir do movimento feminista. Seu fundamento ideológico, porém, vem de mais longe, tendo sua origem no marxismo: em K. Marx (1818-1883), pelo qual o motor da história é a "luta de classe", e a primeira luta deve ocorrer no seio da família; e em F. Engels (1820-1895), seu amigo inseparável, que, em 1884, escrevia: "A primeira divisão de trabalho é aquela entre homem e mulher para a propagação dos filhos... A primeira oposição de classe que aparece na história coincide com o desenvolvimento do antagonismo entre homem e mulher unidos em matrimônio monogâmico, e a primeira opressão de classe coincide com a do sexo feminino pelo sexo masculino"[268]. Essa dialética dos sexos proposta por Engels se desenvolveu na *identidade de gênero*,

idealização sobre algo; na linguagem comum, diríamos "eu acho". A *teoria* busca a verdade; a *ideologia* não busca a verdade, pois é ela mesma que decide o que é verdade, independentemente de qualquer dado científico. Por isso, falamos de *ideologia de gênero*, pois ela substitui a verdade biológica da identidade sexual por uma visão que não tem nenhum fundamento científico.

267 Para os idealizadores da ideologia de gênero, o fato de que um homem se case com uma mulher, e vice-versa, não dependeria da natureza (pulsão sexual, hormônios etc.), mas da sociedade. Não existe uma mulher "por natureza", como não existe um homem "por natureza". O ser humano nasce sexualmente neutro, e a sociedade que constrói os papéis masculinos ou femininos.

268 Engels, Friedrich (1884). **A origem da família, da Propriedade Privada e do Estado**, *São Paulo: Boitempo, 2019.*

alimentou a *revolução sexual* ocidental das décadas de 60 e 70[269] e favoreceu as *identidades líquidas*.

A partir dos anos 1950, a filosofia marxista foi *assumida pelo Movimento feminista*, impondo a abolição de qualquer diferença entre os sexos [270] e dentro da família[271]. A real conquista ideológica e social, para o movimento, seria a passagem do *sexo* para o *unissex*[272].

O movimento encontrou terreno fértil em diversas correntes de pensamento: na *permissividade hedonista*, com seu *slogan* "ao sexo não se manda"; no *pansexualismo* de S. Freud que reconduzia as neuroses à repressão da sexualidade; nos *Kinsey Reports*, pelos quais o sexo é um simples mecanismo ligado aos estímulos e, portanto, não faz sentido dizer o que é "normal" e o que é "anormal"[273]; e na *revolução sexual*, que reduziu o sexo a simples instinto.

O pano de fundo de todos esses pensamentos era libertar a mulher da opressão social, e isso podia ser feito somente por meio da

---

269 A revolução sexual evoluiu no início do século XX sob o impulso de Wilhelm Reich (1897-1957), encontrando representantes de destaque nos anos 1960, como Herbert Marcuse (1898-1979) e Simone de Beauvoir (1908-1986), que propunham a emancipação da mulher por meio do amor livre, da contracepção e da dialética dos sexos.

270 Como os operários devem fazer uma *revolução*, que terá por fim acabar com as classes sociais, assim as mulheres devem lutar para eliminar as "classes sexuais": "*Assegurar a eliminação das classes sexuais requer que a classe subjugada (as mulheres) faça uma revolução e se apodere do controle da reprodução, que se restaure à mulher a propriedade sobre seus próprios corpos, como também o controle feminino da fertilidade humana, incluindo tanto as novas tecnologias como todas as instituições sociais de nascimento e cuidado de crianças... A meta definitiva da revolução feminista deve não ser simplesmente acabar com o privilégio masculino, mas com a própria distinção de sexos*" (FIRESTONE, Shulamith. **A Dialética do Sexo**: Um estudo da revolução feminista. Tradução: Vera Regina Rabelo Terra. Rio de Janeiro: Editorial Labor do Brasil, 1996).

271 A respeito das mulheres que optam por ficar em seu lar cuidando dos filhos, a feminista Christina Hoff Sommers escreve: "*Pensamos que nenhuma mulher deveria ter esta opção. Não se deveria autorizar a nenhuma mulher ficar em casa para cuidar de seus filhos. A sociedade deve ser totalmente diferente. As mulheres não devem ter essa opção, porque se essa opção existe, demasiadas mulheres decidirão por ela*".

272 A roupa foi o emblema dessa passagem: jeans e camisetas únicas para todos, homens e mulheres.

273 KINSEY, A. C.; POMEROY, W. R.; MARTIN C. E. **Sexual Behavior in the Human Male**. Philadelphia, PA: W. B. Saunders, 1948;
KINSEY, A. C.; POMEROY, W. R.; MARTIN, C. E. **Sexual Behavior in the Human Female**. Philadelphia, PA: W. B. Saunders, 1953.

liberalização sexual. É o que afirmam abertamente os neomarxistas H. Marcuse, falando de "*livre escolha do sexo*"[274], e *Simone de Beauvoir, que incita as mulheres a recusar o casamento para não serem submetidas aos homens, com a famosa declaração: "On ne naît pas femme, on le devient*" ("*Ninguém nasce mulher, se torna mulher*")[275].

Em 1995, a IV Conferência Mundial das Nações Unidas sobre as mulheres, realizada em Pequim, marca a saída em público da *ideologia de gênero*[276]. Na ocasião, a feminista Judith Butler teoriza, pela primeira vez, o dualismo entre gênero e sexo, o "divórcio" da pessoa da sua corporeidade[277].

4.5. Filosofia da ideologia de gênero

Para a ideologia de gênero, é o indivíduo quem constrói sua identidade, em plena liberdade, de forma autorreferencial e sem nenhum

---

As duas reportagens, uma sobre o comportamento sexual dos homens e outra das mulheres, foram fortemente criticadas pelos cientistas, pois Kinsey, zoólogo, aplicava às pessoas os mesmos critérios comportamentais dos animais.

274 Marcuse, Herbert. **Eros e civilização** (1955). Rio de Janeiro: Zahar, 1972. Marcuse solicitara nos anos 60 três liberdades novas para levar a cumprimento os projetos da revolução francesa e da revolução russa. As novas fronteiras da liberdade seriam, segundo Marcuse: a *liberdade do trabalho*, pois o trabalho tornaria escrava a atividade humana; a *liberdade da família*, pois a família tornaria escrava a afetividade do homem, e a *liberdade da ética*, pois esta estabeleceria limites à mente do homem e os limites reprimiriam a própria liberdade de escolha.

275 Simone de Beauvoir, *O segundo sexo*, 1949. Feminista, escritora, filósofa francesa. Estudando filosofia na Universidade de Sorbonne, conheceu Jean Paul-Sartre; ateia como Sarte, a quem segue e aplica o existencialismo, fala da absurdidade da moralidade. Em *Le deuxieme sexe* (*O segundo sexo*), ela descreve as condições da mulher nas várias épocas e defende sua emancipação. Convida as mulheres a recusar o casamento para não ficarem sujeitas aos homens. Nos últimos anos de sua vida, porém, ela admitiu honestamente as limitações de sua tese: "*Como muitas feministas, desejo a abolição da família, mas sem saber com que substituí-la*".

276 Na conferência, foi proposto substituir a diferença entre homens e mulheres pela palavra "*gênero*". Mesmo que a proposta não tenha sido aprovada, as ideias se difundiram para o mundo todo.

277 Judith Butler, filósofa estadunidense de orientação pós-estruturalista. Sua obra principal é: *Gender trouble*.
(Butler, Judith. **Problemas de gênero**: feminismo e subversão da identidade. Rio de Janeiro: Civilização Brasileira, 2013).

tipo de referência à natureza. Esta não diz nada[278], o que conta é a decisão da pessoa[279].

É nesse pensamento metafísico, antropológico e ético que está enraizada a ideologia de gênero[280], na qual se verifica uma mudança na concepção da pessoa: é o homem que gera sua própria identidade ontológica. O filósofo espanhol Ortega y Gasset afirma: "*O homem não tem natureza, mas história. O que a natureza é para as coisas, é a história para o homem*". Isso significa que o que é verdadeiramente humano, o que constitui o ser do homem, não é a natureza que possui, mas o dinamismo dramático em que se encontra e do qual não há outra saída senão a de exercitar a própria liberdade. "*Ser livre significa ser desprovido de identidade constitutiva, não possuir um ser determinado, poder ser outro do que se é, e não se fixar em nenhum ser determinado*". Para ele, o homem seria um gerúndio, e não um particípio: um *faciendum*, e não um *factum*; um ser ontologicamente

---

278 É a antiga questão da comparação entre *natureza* humana e *cultura*. "Muitas das discussões tradicionais se concentraram na velha questão de onde encontrar o limite entre natureza e cultura. Esse tema foi deslocado por várias controvérsias no século passado, nas quais a agulha de equilíbrio se moveu fortemente a favor da cultura; muitos argumentam que o comportamento humano é tão plástico que converte o conceito de natureza humana em um 'não sentido'" (Fukuyama F. **Our posthuman future**. Croydon Surrey: Bookmarque, 2003. p. 129).

279 A essa pretensão o filósofo Cícero responderia: "Se a origem do Direito se encontrasse nos mandamentos do povo, nos decretos dos líderes ou nas sentenças judiciais, o Direito seria roubar, adulterar, falsificar sempre que fosse ratificado pelos desejos ou decisões da massa. Se as decisões e os mandamentos dos tolos podem fazer com que a natureza das coisas se transforme de acordo com seus desejos, então, por que não decidem que o mau e o pernicioso sejam tidos por bom e salutar? E já que a lei pode fazer da injustiça um direito, poderia também fazer com que o mal fosse o bem. E nós, para distinguirmos o bem do mal, não temos outra solução que não seja recorrer à Natureza. É ela que nos permite discriminar o Direito e a justiça como também o honroso do desonroso em geral… Seria preciso ser louco para crer que estas distinções se baseiam em convenções e não na Natureza" (Marco Túlio Cícero (106-43 a.C.), *De legibus*, 1, XVI, 44).

280 Dizer que é a cultura que determina a orientação sexual significa negar qualquer limite à sexualidade, pois a cultura não tem limites, e tudo seria permitido. Enquanto isso, nós sabemos, por experiência cotidiana, que é a natureza que nos põe limites; são as leis da biologia que regulam nossa sobrevivência: se tomamos açúcar além do limite da biologia, podemos prejudicar nossa saúde.

sempre em desenvolvimento, e não um ser já definido por sua própria natureza[281].

O pensamento do filósofo espanhol — dialética entre natureza-liberdade, natureza-cultura — permeia todo o século XX e encontra, em Sartre, um dos maiores representantes. Na antropologia sartriana, o homem é "liberdade". Se, na tradição filosófica, a liberdade era concebida como uma característica dos atos da vontade, uma faculdade da essência do homem, em Sartre ela se torna a própria essência do homem, na qual existência e liberdade se identificam: "*O homem nada mais é do que ele projeta de ser; ele existe apenas na medida em que se realiza... A existência antecede a essência*"[282].

Tal pensamento esvazia totalmente o conceito filosófico e, consequentemente, jurídico de homem e mulher[283] e contrasta totalmente com a concepção de antropologia clássica: "O homem possui uma natureza, que deve respeitar e não pode manipular como lhe apetece. O homem não é apenas uma liberdade que se cria por si própria. O homem não se cria a si mesmo. Ele é espírito e vontade, mas é também natureza, e a sua vontade é justa quando respeita a natureza e a escuta e quando aceita a si mesmo por aquilo que é e que não se criou por si mesmo. Assim mesmo, e só assim, é que se realiza a verdadeira liberdade humana" [284].

Os promotores da ideologia de gênero, defendendo o princípio de que a *pessoa é sexualmente indefinida e indefinível, defendem também que qualquer comportamento sexual é jurídico e eticamente*

---

[281] Ortega (1883-1955), **Historia como sistema**, p. 41.

[282] Jean-Paul Sartre (1905-1980), *O existencialismo é um humanismo*, palestra pronunciada em 1946. Para Sartre, o devenir metafísico do homem, que pode ser chamado de onto-determinação (determinação do ser), pressupõe uma dupla liberdade: liberdade psicológica e metafísica. A liberdade psicológica é real na medida que o homem tem, em suas mãos, a liberdade metafísica: ser o que ele quer ser. Dessa maneira, a autodeterminação se torna onto-determinação. Portanto, a liberdade metafísica assume o caráter de uma liberdade criativa, árbitro supremo, não apenas das próprias ações, mas do mesmo sujeito ao qual elas se atribuem.

[283] Uma excelente explicação encontra-se no livro de Dale O'Leary.
O'Leary, Dale. **Maschi o femmine?** La guerra del genere. Rubbettino, 2006.

[284] Bento XVI. *Discurso* ao Parlamento federal da Alemanha, 22 de setembro de 2011.

admissível e normal: heterossexualidade, homossexualidade, bissexualidade, transexualidade, intersexualidade, pansexualidade e qualquer outra forma de comportamento sexual que existir[285]. Aliás, essas formas não existem mais, pois elas são a *migração* de um sexo para outro. Não podemos mais falar de *mudança* de sexo, pois o biológico (XX ou XY) não exprime mais a identidade da pessoa. Portanto, não há sequer *transexualidade*, como não há sentido falar em *homossexual*, pois nós chamamos de homossexualidade o "relacionamento sexual de um homem com outro homem", mas, nesse caso, o 'homem 1' não é 'homem', tampouco o 'homem 2' o é.

4.6. A sociedade da 'última revolução'

A aspiração do movimento feminista é chegar a uma sociedade totalmente desvinculada das categorias da biologia e das regras inscritas na natureza humana; ela quer chegar, assim, a uma liberdade individual e coletiva. Nas décadas de 60 e 70, essas ideias, presentes no livro da feminista radical S. Firestone, *A Dialética do sexo*, marcaram o movimento. [286] O mote central de Firestone era a suprimir a unidade familiar e chegar à última revoluçã*o* passando por estas fases[287]:

---

285 Pode ser útil a citação de um consultor educacional francês, J. Matos: "Acredito que os desdobramentos militantes do conceito de gênero - embora pertinente em nível clínico e educacional - tenha impactos diretos na vida afetiva e sexual dos adolescentes de hoje. De fato, o adolescente em busca de sua identidade se confronta inevitavelmente com as normas, com os modelos definidos pela sociedade e pela cultura midiática. Assim, ele pode ser solicitado pela necessidade de corresponder ao modelo. Sempre foi assim, mas a mudança em nossos dias é a multiplicação e confusão dos modelos com os quais ele pode se confrontar ou se identificar... A sexualidade tende, assim, a se tornar um jogo de todas as possibilidades, porque seu campo não para de se expandir, no fio de desejos múltiplos e flutuantes"
(MATOS, Jean. **Quand les ados jouent au sexe** (Quando os adolescentes fazem sexo). Editions Médiaspaul, 2016).

286 SHULAMITH, FirestonE. **The dialectic of sex**. The case for feminist revolution. New York: Bantam Books, 1970.

287 Ibid., pp. 205-242.

– "A libertação das mulheres da tirania de sua biologia reprodutiva por qualquer meio disponível"[288].

– "A libertação da biologia reprodutiva é alcançada através do uso de contraceptivos e, em um futuro mais distante, através da reprodução artificial"[289].

– Chegando à "liberdade de todas as mulheres e de todas as crianças para fazer o que quiserem sexualmente"[290].

Após essa *revolução final*, surgirá uma nova sociedade na qual "a humanidade pode retornar à sua sexualidade polimórfica natural, onde todas as formas de sexualidade serão permitidas e liberadas"[291].

Olhando para a sociedade de hoje, devemos concluir que a chegada da *revolução final*, evocada por Firestone e apoiada pelo feminismo, está em ato. De fato, atualmente a discussão sobre o gênero não se limita apenas ao papel imposto à mulher pela sociedade, mas se estende a todos os seres humanos. Podemos vê-lo na difundida mentalidade em exigir o direito de escolha da própria identidade de gênero (*gender identity*), independentemente do sexo biológico e na percepção de que cada qual deve poder viver como homem heterossexual, mulher heterossexual, homossexual, lésbica, bissexual, transexual, transgênero ou indiferente. Além disso, vemos o gênero na exigência de que a liberdade de escolha sexual seja contida nos programas educacionais, programas que devem ser apoiados e também impostos politicamente em nível nacional e internacional.

4.6.1. *A filosofia da ideologia de gênero em síntese*

Em síntese, as reivindicações da ideologia de gênero para concluir a 'última revolução':

- Desvincular a identidade pessoal do sexo biológico; o DNA não tem nenhuma influência no desenvolvimento e na identidade

---

[288] Ibid., p. 206.

[289] Ibid., pp. 206-207.

[290] Ibid., p. 209.

[291] Ibid.

sexual da pessoa. Não existe "homem" e "mulher", pois a sexualidade não depende do biológico, que é definido e imutável. Há o "gênero", que se constrói socialmente [292] e pode mudar ao longo da vida[293].

- O termo "gênero" deve substituir o uso corrente da palavra "sexo" (masculino ou feminino), e deve ser retirada da linguagem comum e oficial qualquer realidade que tenha fundamento no biológico, como as palavras "mãe" e "pai". No lugar delas, deve-se usar *genitor1* e *genitor2*. A criança deve ser educada a não chamar ninguém de '*mãe... pai*'. Está proibido celebrar o "dia das mães" e o "dia dos pais"[294].
- As normas que regulam a sexualidade humana não são naturais, mas culturais; consequentemente, ao comportamento sexual não pode ser imposto algum limite. A pessoa pode escolher uma pluralidade de gêneros no arco de sua vida, e cada comportamento sexual deve ser considerado normal[295].

---

292 Qual é o papel da educação e do contexto social na formação do *gênero*? Contextos sociais e educacionais diferentes poderiam "construir" um *gênero* diferente? São perguntas que levam a outras perguntas.

293 Estamos diante de uma total separação e independência entre as dimensões biológica e psicocultural da pessoa: não é a estrutura orgânica nem os dados biológico-anatômicos, mas a livre escolha pessoal que decide qual orientação seguir e com qual identidade se identificar. É o *gênero* que substitui o *sexo*; o *social* que substitui o *biológico*. Nessa substituição, os termos *homem* e *masculino* podem significar tanto um corpo feminino como um corpo masculino, assim como os termos *mulher* e *feminino* podem significar tanto um corpo masculino quanto feminino. E cada um pode se identificar e se manifestar em um ou mais gêneros, como forma de realizar sua identidade pessoal e sua orientação sexual (Cf. Judith Butler, *Problemas de gênero...*, cit.).

294 Sobre a crítica a tal confusão e perplexidade na sociedade de hoje sobre os usos de "genitor1" e "genitor2", cf:

Lebrun, Jean-Pierre. **La perversion ordinaire**. Vivre ensemble sans autrui Paris: Flammarion, 2015;

Lebrun, Jean-Pierre. **Fonction maternelle, fonction paternelle**. Bruxelles: Fabert, 2011;

Lebrun, Jean-Pierre. **Les Couleurs de l'inceste**. Se déprendre du maternel. Paris, Denoél, 2013.

295 Assim como já está acontecendo em alguns países, pede-se que seja reconhecido o *gênero da pedossexualidade*, o gênero orientado sexualmente para as crianças. O *sexo intergeracional*, os *boy lovers* e os *child lovers* são as novas maneiras de chamar a pedofilia. Deixar a sexualidade ao arbítrio da cultura e à ideologia de gênero é

- Não existe a família, há apenas núcleos sociais que podem se assemelhar à família, independentemente da diferença sexual. Dessa forma, deve ser *redefinida a família*, dando o "direito ao matrimônio" e à "família" a todos, de todos os gêneros possíveis, com direito a filhos (naturais, adotivos ou gerados pelas várias técnicas de reprodução assistida).
- Nas escolas, deve-se ensinar às crianças que não há uma identidade masculina-feminina biológica, que homem e mulher não são complementares, que não há uma vocação natural própria para cada sexo e que tudo é permitido em termos de prática sexual.

4.7. Os princípios da antropologia clássica

A ideologia de gênero subverte totalmente os princípios da antropologia clássica e do personalismo ontológico fundamentados na natureza, na "essência" da pessoa e na "substância das coisas", pois "as coisas não mentem"[296], como dizia São Tomás de Aquino. Para a antropologia clássica, a identidade sexual não pode prescindir do seu componente biológico, sendo um grande risco subverter esse princípio por outros considerados antinaturais e anticientíficos.

O risco que podemos correr deixando de lado a antropologia clássica é anular qualquer diferença sexual, considerando-a em nível filosófico, antropológico, biológico e psicológico. Além disso, extingue-se o conceito de família e do matrimônio como união estável de um homem biológico e uma mulher biológica, como foi pensada e abençoada pelo Criador[297].

---

perigoso, pois elas podem abrir as portas para as piores perversões (Nos Países Baixos, em 2006, nasceu o primeiro partido para a legalização da pedofilia).

[296] Um princípio lembrado também pelo Papa Francisco na Encíclica *Laudato sì'*, 2015.

[297] "Eu me pergunto se a assim dita *teoria de gênero* não seja também uma expressão de frustração e resignação, que visa apagar a diferença sexual porque a pessoa não sabe mais lidar com sua sexualidade. Sim, corremos o risco de dar um passo atrás. A remoção da diferença, de fato, é o problema, não a solução" (Vitale, Aldo Rocco.

Na educação, precisa-se diferenciar a "informação sexual" da "educação sexual". A primeira cabe à escola, mas a segunda, sendo educação integral da pessoa, pertence aos pais. São estes que têm a obrigação moral de educar seus filhos em sua masculinidade e feminilidade, na sua dimensão afetiva e de relação: educá-los a viver a sexualidade como dom de si mesmos no amor verdadeiro e aberto à vida.

Mesmo respeitando as opiniões e as escolhas de vida alheias, não se pode aceitar como "científico" propostas ideológicas e afirmações pseudocientíficas com base apenas nas estatísticas, pois elas não podem ser tomadas como critério científico e ético de qualquer comportamento[298]. Essa posição não pode ser confundida com a discriminação[299]; não aceitar não significa discriminar e não ter respeito para com as pessoas, seja qual for sua orientação sexual.

Essa posição não é apenas dos católicos, mas também de pessoas não católicas que se põem com seriedade científica diante dos comportamentos humanos, como o psiquiatra francês Jacques Lacan. Freudiano e não cristão, ele se coloca totalmente contra a ideologia de gênero: "A verdadeira consciência da sexualidade é renúncia à posse do outro, mas também renúncia à pretensão ingênua de se fundir com o outro... Precisamos da bipolaridade sexual para reconhecer nosso limite antropológico", pois "a reivindicação de um amor total leva à autodestruição"[300].

Gender questo sconosciuto. Cosa si nasconde dietro la nuova ideologia del nostro tempo. Verona: Fede & Cultura, 2016).

298 As normas não podem ser baseadas no *critério estatístico*, no sentido de considerar normal o que é mais frequente. Esse critério, levado às suas extremas consequências, poderia acabar afirmando que o câncer, como qualquer outra doença de vasta difusão, represente um fenômeno totalmente fisiológico. A uma normalidade puramente numérica, estatística, devemos substituir uma *normalidade ontológica*.

299 Bem sentenciou o italiano Norberto Bobbio — ateu, considerado o maior *teórico do direito* e o maior *filósofo da política* da segunda metade do século XX —: "*A verdadeira diferença não está entre quem acredita e quem não acredita, mas entre quem pensa e quem não pensa*".

300 LACAN, Jaques. **O seminário:** livro 19 (1971-1972) Trad. Vera Ribeiro. Rio de Janeiro: Zahar, 2012.

LACAN, Jaques. Entretien avec Michel H. *In*: Sur l'identité sexuelle*:* à propos du transsexualisme, 1996. Lucas

4.7.1. Complementariedade ontológica homem-mulher

Contrariamente à ideologia de gênero, a antropologia clássica afirma que a sexualidade é o modo de ser inerente à estrutura essencial da pessoa. O indivíduo não *possui* o sexo, ele é "corpo sexuado"; o XX e o XY têm uma parte decisiva no desenvolvimento da identidade psicológica e sexual da pessoa. Portanto, quando falamos de sexualidade, não estamos falando apenas da realidade genital, porém, mais profundamente, da dimensão fundamental do ser humano enquanto tal. A sexualidade humana não se reduz apenas a um objeto ou função, mas à *conformação estrutural* da pessoa[301].

A estrutura própria da pessoa é a dualidade para a unidade[302]. Homem e mulher são projetados como seres *correspondentes* um ao outro, no mesmo plano, confrontando-se no diálogo, nas atividades, no sofrimento e na alegria, no conhecimento e no amor [303]. Nascidos diferentes como homem e mulher, nasceram para a unidade, e é precisamente por meio do corpo masculino ou feminino que essa unidade é realizada. Tanto a feminilidade quanto a masculinidade realizam o humano, mas com uma modulação diferente e complementar[304].

---

301 LUCAS, Lucas Ramon. L'identità sessuale della persona a cinquant'anni dall'Humanae Vitae / The sexual identity of the person 50 years after Humanae Vitae. **Medicina e Morale**, v. 67, n. 5, dez./2018, p. 545-562. DOI : https://doi.org/10.4081/mem.2018.556.

302 "O conceito de anular a diferença entre homens e mulheres incomoda-me porque não corresponde à realidade: não é verdade que somos a mesma coisa, existe uma diferença fisiológica e mental. Na vida cotidiana uma mulher desenvolve pensamentos diferentes dos de um homem e graças a Deus isso acontece, caso contrário seria uma monotonia louca" (Roberto Vannacci, *Il mondo al contrario*, 2023).

303 "A aceitação do próprio corpo como dom de Deus é necessária para acolher e aceitar o mundo inteiro como um dom do Pai e como casa comum; já uma lógica de domínio sobre o próprio corpo se torna uma lógica às vezes sutil de domínio sobre a criação". Portanto, "aprender a acolher o próprio corpo, cuidar dele e respeitar os seus significados é essencial para uma verdadeira ecologia humana". E "também apreciar o próprio corpo na sua feminilidade ou masculinidade é necessário para se reconhecer no encontro com o outro diferente. Desta forma, é possível aceitar com alegria o dom específico do outro ou da outra, obra de Deus Criador, e enriquecer uns aos outros... Não é sadia uma atitude que pretenda 'apagar a diferença sexual por não saber mais lidar com ela'" (Papa Francisco, Encíclica *Laudato si'*, 2015, n. 155).

304 "Na criação da mulher está inscrito, desde o início, o princípio do auxílio: auxílio - note-se - não unilateral, mas recíproco. A mulher é o complemento do homem, como

Feminilidade e masculinidade são complementares não apenas do ponto de vista físico e psíquico, mas também ontológico. É somente graças à dualidade do *masculino* e do *feminino* que o humano é plenamente realizado[305].

4.7.2. Matrimônio: "união estável"

O matrimônio é a *união estável entre o homem e a mulher como entidade familiar*[306]. Mas, se a sexualidade é determinada pelo gênero, e não pela biologia, não há mais sentido dizer que o matrimônio é resultado da união estável entre homem e mulher. Conferindo *status* jurídico à identidade de gênero — e não tendo mais sentido falar em *homem* e *mulher* — nem sequer há sentido em falar de casamento entre homem e mulher, já que são variáveis totalmente indefinidas.

"*Homem e mulher Ele os criou*" (Gn 1,27). Nessas poucas palavras da Bíblia, está resumida a diferença sexual entre o homem e a mulher e a instituição do matrimônio e da família. No pensamento de Deus, as diferenças entre homem e mulher não são de oposição ou de subordinação, mas de comunhão e de geração. São diferenças complementares. Homens e mulheres são diferentes e mutuamente complementares. Um precisa do outro e completa-se no outro.

4.7.3. Família: "núcleo natural e fundamental da sociedade"

A ideologia de gênero é também o ataque cultural e jurídico[307] mais consistente à família, considerada pelos organismos internacionais

---

o homem é o complemento da mulher: mulher e homem são entre si complementares. A feminilidade realiza o 'humano' tanto como a masculinidade, mas com uma modulação distinta e complementar" (João Paulo II, *Carta às mulheres*, 1995).

305 Cf. Lucas, *L'identità sessuale della persona...*, cit.

306 Brasil, *Constituição Federal*, 1988, art. 226, § 3º.

307 A ideologia de gênero propõe conservar o nome (família), mas mudar o sentido. Assim, "família" pode significar não apenas a união estável entre um homem e uma mulher com seus filhos, mas também a união de duas lésbicas e mais uma criança gerada por inseminação artificial; ou dois homossexuais e um filho adotivo. É assim que é redefinida a família pela Lei 11.340, de 7 de agosto de 2006: "*a comunidade formada*

o "núcleo natural e fundamental da sociedade",[308] a "base da sociedade"[309]. De fato, "se não há a dualidade de homem e mulher como um dado da criação, então deixa de existir também a família como realidade pré-estabelecida pela criação de existir. Mas, em tal caso, também a prole perdeu o lugar que até agora lhe competia, e a dignidade particular que lhe é própria... O filho, de sujeito jurídico que era com direito próprio, passa agora necessariamente a objeto, ao qual se tem direito e que, como objeto de um direito, se pode adquirir... Na luta pela família, está em jogo o próprio homem. E torna-se evidente que, onde Deus é negado, dissolve-se também a dignidade do homem. Quem defende Deus, defende o homem"[310].

Com a "ideologia do gênero", estamos em um campo minado, em um processo progressivo de desnaturalização ou distanciamento da *natureza*, indo para uma opção total deixada à emotividade da pessoa. Com essa atitude, a identidade sexual e a família tornam-se dimensões da *liquidez* e *fluidez* da cultura pós-moderna: elas se fundam somente sobre a liberdade do sentimento, sobre o desejo momentâneo da pulsão emotiva e sobre a vontade individual mais do que sobre a verdade ontológica do ser.

4.8. Emergência educativa

Diante dos inúmeros comportamentos sexuais proclamados normais pela ideologia de gênero, parece que ficamos "abalados pelas ondas e levados aqui e ali por qualquer vento de doutrina"[311]. Não sabemos mais o que está certo e o que está errado. Na falta de princípios

---

por indivíduos que são ou se consideram aparentados, unidos por laços naturais, por afinidade ou por vontade expressa" (art. 5°, II). E acrescenta: "*As relações pessoais enunciadas neste artigo independem de orientação sexual*" (art. 5°, parágrafo único).

308 Onu. *Declaração Universal dos Direitos Humanos*, 1948, art. 16, § 4.

309 *Constituição Federal*, 1988, art. 226.

310 Papa Bento XVI. *Discurso à Cúria romana na apresentação de votos natalícios*, 21 de dezembro de 2012.

311 Ef 4,14.

certos, os pais e os educadores ficam com medo de tomar decisões, preferindo o silêncio.

Estamos perante uma verdadeira *emergência educativa*, uma emergência que denota, nas palavras do Papa Bento XVI, uma autêntica *carência antropológica*, que tende a nos fazer esquecer de que a pessoa humana "é um ser integral, e não uma soma de elementos que podem ser isolados e manipulados segundo a própria vontade".

4.8.1. Ética sexual católica: uma revisão necessária

Diante das opostas posições da ética católica e da ideologia de gênero, o caminho certo é o diálogo. Não se pode dizer que tudo está errado. Devemos reconhecer que o movimento feminista e a ideologia de gênero levaram a Igreja Católica a rever sua posição sobre o significado da sexualidade humana e sobre a moral sexual.

Particularmente, considero que a ideologia de gênero é uma *resposta errada a perguntas certas*. Qual é a finalidade da sexualidade humana? O que é ético e o que não é ético no comportamento sexual? Diante dessas perguntas, por muito tempo a Igreja Católica permaneceu ancorada em concepções filosóficas e antropológicas passadas, sem abertura às novas reflexões oferecidas pelas ciências humanas. De um lado, esse posicionamento levou várias correntes filosóficas (como a ideologia de gênero) a buscar outros significados da sexualidade e a extremizá-los; por outro lado, fez com que os fiéis seguissem um próprio caminho de comportamento sexual afastando-se dos ensinamentos da Igreja.

Durante muito tempo, na moral católica, a sexualidade foi considerada somente um *instrumento para a procriação*, aplicando-se o princípio de São Tomás de Aquino[312]. Essa interpretação reducionista negava qualquer outro valor que não fosse o reprodutivo, cabendo às pessoas viver de acordo com esse princípio ético. As consequências éticas dessa interpretação eram duas: em primeiro lugar, *o ato sexual fora* do matrimônio era uma transgressão de ordem moral por não atender à continuação da espécie humana; em segundo lugar, os atos sexuais

[312] *Suma Teológica*, II-II, q. 153, a. 2.

nas relações conjugais deviam limitar-se apenas aos atos orientados à reprodução da espécie.

Hoje a Igreja, sem deixar de lado o aspecto procriativo, destaca, sobretudo, o aspecto relacional e donativo da sexualidade. Como vimos anteriormente, esta é um dos lugares mais extraordinários em que uma pessoa se revela com seus próprios sentimentos, revelação necessariamente acompanhada pelo sentimento de vulnerabilidade. A sexualidade é um componente importante das relações íntimas, uma dimensão da infinita alteridade e da própria individualidade. É isso que está inscrito nas palavras bíblicas "*macho e fêmea os criou*"[313], e que a Igreja, na prática pastoral, muitas vezes esquece.

A *doação mútua* é central para a compreensão teológica e antropológica da sexualidade humana. Por isso, sem desconsiderar a dimensão procriativa, precisa-se propor o significado bíblico da sexualidade, que é superação do egocentrismo, doação, "cuidar do outro", proteger o outro, desejo de estar com a pessoa amada.

Essa pastoral sexual *revisitada* deve se tornar o *fundamento hermenêutico* para o exame ético dos comportamentos sexuais contemporâneos, seja conjugais, seja extraconjugais[314].

4.8.2. A posição da Igreja Católica

Diante da "desorientação antropológica que caracteriza difusamente o clima cultural de nosso tempo", a Igreja Católica publicou um documento para abordar o debate sobre a sexualidade humana e os desafios que emergem da ideologia *gender*. Com esse documento, a "Igreja, dentro de suas competências, oferece algumas reflexões que podem orientar e apoiar aqueles que estão empenhados em educar as novas gerações para tratar metodicamente as questões mais debatidas da sexualidade humana"; ela "está disposta a discutir as diferenças sexuais, mas com base em pesquisas, não na ideologia" [315].

---

[313] Gn 1,27.

[314] Haker, Hille. **Etica sessuale cattolica**. Concilium, v. 47, n. 13, p. 164-175, 2013.

[315] Congregação para a Educação Católica. *Homem e mulher os criou. Para uma via de diálogo sobre a questão do* gender *na educação*, 2019.

Para a Igreja, "a desorientação antropológica" caracteriza o clima cultural do nosso tempo e contribui para "desestruturar" a família, tendendo a anular as diferenças entre homens e mulheres, consideradas como meros efeitos do condicionamento histórico-cultural. Diante das tendências globais que consideram as diferenças de gênero como geradas pela cultura, a Igreja sublinha que a distinção entre masculino e feminino é original e fonte de atração e vitalidade, representando um patrimônio da humanidade.

A Igreja, com esse documento, assume e convida-nos a assumir uma atitude de escuta, de reflexão e de proposta para "empreender a via do diálogo sobre a questão do *gender* na educação" (n. 6). E é precisamente por essa razão que o documento está dividido em três seções: *Ouvir - Refletir - Propor.*

Ouvir (nºs 8-23)[316]

A primeira atitude que se deseja colocar em *diálogo* é o *escutar.* Não faltam pesquisas sobre gênero que buscam aprofundar adequadamente a maneira como se vive, em diferentes culturas, a diferença sexual entre homem e mulher. É em relação a estas investigações que é possível abrir-se à escuta, reflexão e proposta.

Escutar e compreender o que tem acontecido nos últimos decênios... Com o tempo, as teorias do *gender* ampliaram o campo de suas aplicações. No início dos anos noventa do século passado, concentraram-se na possibilidade de os indivíduos autodeterminarem as próprias inclinações sexuais sem ter em conta a reciprocidade e complementaridade da relação homem-mulher e da finalidade reprodutora da sexualidade.

Chega-se, por fim, a teorizar uma radical separação entre gênero *(gender)* e sexo (sex), com prioridade do primeiro sobre o segundo. Tal meta é vista como uma etapa importante da evolução da humanidade, a qual "prevê uma sociedade sem diferenças de sexo".

Nesse *contexto cultural,* compreende-se muito bem que *sexo* e *gênero* já não são sinônimos e, portanto, não são conceitos intercambiáveis,

---

[316] Seguindo o texto.

na medida em que descrevem duas entidades diversas. O *sexo* define a nossa pertença a uma das duas categorias biológicas derivadas da díade original, feminina e masculina. O gênero, por sua vez, é o modo como se vive, em cada cultura, a diferença entre os dois sexos. O problema não está na distinção por si só, a qual pode ser interpretada retamente, mas numa separação entre sexo e *gender.* Essa separação tem como consequência a diferenciação de diversas "orientações sexuais", que já não se apresentam definidas pela diferença sexual entre masculino e feminino, mas podem assumir outras formas, determinadas somente pelo indivíduo radicalmente autônomo. Para além disso, o próprio conceito de *gender* depende da atitude subjetiva da pessoa, que pode escolher um gênero o qual não corresponde à sua sexualidade biológica e, portanto, ao modo como os outros o consideram *(transgender).*

Numa crescente contraposição entre natureza e cultura, as propostas *gender* confluem no *queer,* isto é, numa dimensão fluida, flexível, nômada, ao ponto de sustentar a completa emancipação do indivíduo de qualquer definição sexual dada *a priori,* com a consequente perda das classificações consideradas rígidas. A regra que impera é a absoluta *liberdade de autodeterminação* e a escolha circunstancial de qualquer indivíduo no contexto de qualquer relação afetiva.

No quadro das investigações sobre o *gender,* emergem, todavia, alguns possíveis pontos de encontro para o crescimento da compreensão recíproca. Um deles é a *educação das crianças* e *dos jovens* para que *respeitem cada pessoa* na sua peculiar e diferente condição, de modo que ninguém, por causa das próprias condições pessoais (deficiência, raça, religião, tendências afetivas etc.), possa se tornar alvo de *bullying,* violência, insultos e discriminações. Trata-se de uma educação para a cidadania ativa e responsável, na qual todas as legítimas expressões da pessoa sejam acolhidas com respeito.

Outro ponto de crescimento na compreensão antropológica são *os valores da feminidade.* Na mulher, a "capacidade para o outro" favorece uma leitura mais realista e madura das situações contingentes, desenvolvendo "em si o sentido e o respeito do concreto, que se opõe às abstrações, muitas vezes mortais para a existência dos indivíduos e da sociedade".

Refletir (nºs 24-29)[317]

O estudo do perfil histórico, dos pontos de encontro e da crítica na questão do *gender* conduz na direção de considerações à luz da razão. Há, de fato, argumentos racionais que clarificam *a centralidade do corpo* como elemento integrante da identidade pessoal e das relações familiares. O corpo é subjetividade que comunica a identidade do ser. Tendo isso em vista, compreende-se o "dimorfismo sexual" (ou a diferença sexual entre homem e mulher), que é comprovado pelas ciências biológicas e médicas, como a genética, a endocrinologia e a neurologia. No caso da indeterminação sexual, é a medicina que intervém para uma terapia. Nestas situações específicas, não são os pais tampouco a sociedade que podem fazer uma escolha arbitrária, mas é a *ciência médica* que intervém com finalidade terapêutica, ou seja, operando de modo menos invasivo na base de parâmetros objetivos, explicitando a identidade constitutiva.

A análise filosófica também mostra como a *diferença sexual* masculino/feminino é parte constitutiva da identidade humana. Na filosofia greco-latina, a *essência* coloca-se como elemento transcendente que recompõe e harmoniza a diferença entre feminino e masculino na unicidade da *pessoa humana*.

Na tradição hermenêutico-fenomenológica, a própria *formação da identidade* baseia-se na alteridade: no confronto imediato com o "tu" diferente de mim reconheço a essência do meu *ego*. A diferença é a condição para o conhecimento de modo genérico e do conhecimento da própria identidade. Na família, o confronto com a mãe e o pai facilita à criança o processo de elaboração da própria identidade/diferença sexual. As teorias psicanalíticas demonstram o *valor tripolar* da relação pais/filho, afirmando que a identidade sexual emerge plenamente somente no confronto sinérgico da diferenciação sexual.

Propor (nºs 30-51)[318]

É evidente que, sem uma clarificação convincente da *antropologia* sobre a qual se funda o significado da sexualidade e da afetividade, não

---

[317] Seguindo o texto.

[318] Seguindo o texto.

é possível estruturar corretamente um percurso educativo coerente com a natureza do homem como pessoa. O primeiro passo dessa clarificação antropológica consiste no reconhecimento de que também o homem possui uma natureza, que deve respeitar e não pode manipular como lhe apetece. É essa a questão fulcral daquela ecologia humana que procura o reconhecimento da dignidade peculiar do ser humano e a relação necessária da vida do ser humano com a lei moral inscrita na sua própria natureza.

É necessário confirmar a raiz metafísica da diferença sexual: homem e mulher, na realidade, são as duas modalidades nas quais se exprime e efetiva a realidade ontológica da pessoa humana. É esta a resposta antropológica à negação da dualidade entre masculino e feminino da qual se gera a família. A negação de tal dualidade não só anula a visão da criação, mas designa uma pessoa abstrata que, em seguida, escolhe para si, autonomamente, qualquer coisa como sua natureza.

Nessa perspectiva, educar para a sexualidade e para a afetividade significa aprender "com perseverança e coerência qual é o significado de corpo" em toda a verdade original da masculinidade e da feminilidade. Significa, portanto, aprender a aceitá-lo, a cuidar dele e a respeitar os seus significados. Também é necessário ter apreço pelo próprio corpo na sua feminilidade ou masculinidade para reconhecer a si mesmo no encontro com o outro que é diferente e enriquecer-se mutuamente. Dessa forma, à luz de uma *ecologia plenamente humana e integral*, a mulher e o homem identificam a definição da sexualidade e da parentalidade naquela intrínseca intenção relacional e comunicativa que atravessa a própria corporeidade e os envia um para o outro reciprocamente.

4.9. Dignidade infinita da pessoa

Concluo o capítulo sobre a *Teoria de Gênero*, com a citação de um documento da Igreja Católica sobre a *dignidade humana*[319]. Segue fielmente o texto.

---

[319] Dicastério para a Doutrina da Fé, *Dignitas infinita* (02/04/2024), nn. 55-60. Segue fielmente o texto.

> A Igreja deseja, em primeiro lugar, reafirmar que cada pessoa, independentemente da própria orientação sexual, deve ser respeitada na sua dignidade e acolhida com respeito, cuidando de evitar toda marca de injusta discriminação e particularmente toda forma de agressão e violência. Por esta razão, denuncia-se como contrário à dignidade humana o fato de em alguns lugares não poucas pessoas são encarceradas, torturadas e até mesmo privadas da vida unicamente pela sua orientação sexual (Dicastério para a doutrina da fé, 2024, 55-60)

Ao mesmo tempo, a Igreja evidencia os intensos pontos críticos da teoria de gênero (*gender*). A tal propósito, Papa Francisco recordou que o caminho da paz exige o respeito dos direitos humanos, segundo aquela simples, mas clara, formulação contida na *Declaração universal dos direitos humanos*, cujo 75º aniversário celebramos há pouco. Trata-se de princípios racionalmente evidentes e comumente aceitados. Infelizmente, as tentativas realizadas nas últimas décadas para introduzir novos direitos, não plenamente consistentes em relação àqueles originalmente definidos e não sempre aceitáveis, deram espaço a colonizações ideológicas, entre as quais tem um papel central a teoria de gênero (*gender*), que é perigosíssima, porque cancela as diferenças na pretensão de tornar todos iguais.

Em mérito à teoria de gênero, sobre cuja consistência científica muitas têm sido as discussões na comunidade dos especialistas, a Igreja recorda que a vida humana em todos os seus componentes, físicos e espirituais, é um dom de Deus, o qual deve ser acolhido com gratidão e colocado a serviço do bem. Querer dispor de si, como prescreve a teoria de gênero, independentemente desta verdade basilar da vida humana como dom, não significa outra coisa senão ceder à antiquíssima tentação do homem que se faz Deus e entrar em concorrência com o verdadeiro Deus do amor, revelado no Evangelho.

Uma segunda observação com relação à teoria de gênero refere-se à sua tentativa de negar a maior das diferenças possíveis entre os seres viventes: a diferença sexual. Tal diferença fundante é não só a maior, como a mais bela e a mais potente: na dualidade homem-mulher, ela alcança a mais admirável reciprocidade e é assim a fonte daquele milagre, que não deixa de surpreender-nos, qual é a chegada de novos seres humanos ao mundo.

Neste sentido, o respeito ao próprio corpo e ao dos outros é essencial diante da proliferação dos pretensos novos direitos propostos pela teoria de gênero. Tal ideologia propõe uma sociedade sem diferenças de sexo e esvazia a base antropológica da família. É, pois, inaceitável que algumas ideologias desse tipo, que pretendem responder a certas aspirações às vezes compreensíveis, tentem impor-se como um pensamento único que determine a educação das crianças. Não se deve ignorar que o sexo biológico (*sex*) e o papel sociocultural do sexo (*gender*) podem-se distinguir, mas não separar. Devem-se rejeitar todas aquelas tentativas de obscurecer a referência à insuprimível diferença sexual entre homem e mulher: não podemos separar o que é masculino e feminino da obra criada por Deus, anterior a todas as nossas decisões e experiências, e onde há elementos biológicos que não podem ser ignorados. Cada pessoa humana, somente quando pode reconhecer e aceitar esta diferença na reciprocidade, torna-se capaz de descobrir plenamente a si mesma, a própria dignidade e a própria identidade.

Mudança de sexo. A dignidade do corpo não pode ser considerada inferior àquela da pessoa como tal. O catecismo da Igreja Católica nos convida expressamente a reconhecer que *o corpo* do homem participa da dignidade da imagem de Deus. Tal verdade merece ser recordada, sobretudo ao se tratar do tema da mudança de sexo. O ser humano é composto de corpo e alma, unidos de modo incindível, sendo o corpo o lugar vivente em que a interioridade da alma se expande e se manifesta, inclusive por meio da rede das relações humanas. Constituindo o ser da pessoa, alma e corpo participam daquela dignidade que conota o ser humano. A propósito, deve-se recordar que o corpo humano participa da dignidade da pessoa, enquanto é dotado de significados pessoais, particularmente na sua condição sexuada. É no corpo, de fato, que cada pessoa se reconhece gerada por outros, e é por meio do corpo que homem e mulher podem estabelecer uma relação de amor capaz de gerar outras pessoas. Sobre a necessidade de respeitar a ordem natural da pessoa humana, Papa Francisco (Dicastério para a doutrina da fé, 2024, 55-60) ensina que "a criação nos precede e deve ser reconhecida como dom. Ao mesmo tempo, somos chamados a cuidar da nossa humanidade e isso significa em primeiro lugar respeitá-la e aceitá-la assim como foi criada".

Daqui deriva que qualquer intervenção de mudança de sexo normalmente se arrisca a ameaçar a dignidade única que a pessoa recebeu desde o momento de sua concepção. Isto não significa excluir a possibilidade de uma pessoa portadora de anomalias dos genitais, já evidentes desde o nascimento ou que se manifestem sucessivamente, decidir-se por receber assistência médica, com o fim de resolver tais anomalias. Neste caso, a intervenção não configuraria uma mudança de sexo no sentido aqui entendido.

5. PERSONALIDADE: FORMAÇÃO E DESENVOLVIMENTO

Para entender melhor as problemáticas relativas à "identidade sexual" e ao comportamento sexual, precisa-se conhecer, pelo menos em suma, o processo que leva à formação da personalidade.

5.1. Definição de personalidade

Não existe uma definição da personalidade universalmente aceita. Diz-se até que o termo é usado de forma tão ampla que pode se referir a qualquer construção teórica.

Cada corrente psicológica define a personalidade dentro dos próprios modelos teóricos utilizando métodos, objetivos e modalidades de análise muito dissonantes entre eles. "Algumas definições enfatizam a experiência, algumas o comportamento, outras as relações psicofísicas, algumas os processos mentais conscientes, outras o inconsciente, outras ainda a natureza humana, poucas a totalidade da existência psíquica do homem"[320].

De acordo com alguns psicólogos, podemos dizer que a "personalidade é a *organização interna* e *dinâmica* das características psicológicas de uma pessoa que determinam sua maneira única de ser e de se relacionar com si mesmo, com o ambiente e com as outras pessoas, e que diferenciam um indivíduo do outro[321]. A "organização interna"

---

320 Allport, Gordon. **Becoming:** basic considerations for a psychology of personality, 1955.

321 Hansenne, Michel. **Psicologia da Personalidade**. Lisboa: Climepsi, 2003.
Cf. também: Allport, Gordon. **Personalidade: uma interpretação psicológica**, 1937; Carver, Charles S.; Michael F. Scheier. **Perspectives on Personality**. Pearson, 2000.

mostra-nos os *padrões* de comportamento, pensamentos e emoções do relacionamento da pessoa com o mundo que a cerca. Por sua vez, a "organização dinâmica" diz-nos que a personalidade não é algo de estático[322], estando sempre em desenvolvimento. Os padrões de comportamento definem a noção de *unicidade* da pessoa[323].

Quando defino a pessoa como uma *unidade dinâmica*, quero destacar duas dimensões. *Unidade* significa dizer que nós temos algo de imutável no nosso modo de ser e de agir; um determinado comportamento. Mesmo que não expresse totalmente nossa personalidade, ele não é isolado, ele está dentro da nossa "história' pessoal"; é o nosso "padrão" de ser. Por outro lado, *dinâmica* significa que a nossa personalidade se constrói ao longo da vida; ela está inscrita no nosso patrimônio genético, mas também é determinada pelo ambiente social em que vivemos. A personalidade muda no decorrer da vida, e os processos cognitivos e afetivos desempenham um papel fundamental. Por isso, para conhecer a personalidade de hoje de uma pessoa, é importante conhecer sua história pessoal.

5.2. Construção da personalidade

A *construção da personalidade* se inicia com o nascimento e termina com a morte, acompanhando a história toda da pessoa. Ela se constrói a partir de vários fatores, entre os quais, o *biológico*, o *geográfico*, o *social* e o *psicológico*, fatores interagentes que determinam nossa personalidade. O *biológico* é o DNA (nosso genoma), o cérebro (em suas duas distinções e funções: determinado e plástico) e os hormônios. O fator biológico determina as características individuais e estáveis da pessoa; é o que nós chamamos de *temperamento* de uma pessoa[324]. Mas somente esse

322 Não é científico dizer: "Fulano tem essa personalidade e ela não vai mudar". "Qualquer teoria que considere a personalidade estável, fixa ou invariável está errata" G.W. Allport). A personalidade muda continuamente; às vezes, é o comportamento que não muda.

323 Allport, Willard. **Personalidade:** padrões e desenvolvimento. São Paulo: EPU, 1973.

324 Cf. Di Blas, Lisa. **Che cos'è la personalità.** 10. ed. Carrocci, 2014. O autor apresenta algumas das mais importantes teorias da personalidade.

fator não basta, pois a personalidade se constrói também dentro de um lugar *geográfico*: viver no sul o no norte do Brasil não é a mesma coisa.[325] Mas ainda não é suficiente: ao "biológico" e ao "geográfico" precisamos adicionar o "mundo *relacional*" do indivíduo, ou seja, as pessoas com quem ele vive de maneira estável e contínua e que ele considera "significativas", além de tê-las como "referência" para sua vida[326]. A tudo isso precisamos acrescentar também as *experiências vividas*, isto é, aquelas experiências pessoais que marcam profundamente a vida da pessoa. Não é a experiência em si, mas o significado que a pessoa atribui a um determinado evento ou episódio; as ressonâncias que ficam gravadas na sua psique que diferenciam a resposta a essas experiencias.

São essas experiências relacionais e pessoais que determinam o que nós chamamos de *caráter* da pessoa.

Se a personalidade é fruto também de um determinado ambiente, ela é sempre *in fieri*, está sempre em um contínuo *desenvolvimento*. Não existe uma personalidade terminada, acabada. Nessa construção, devemos focalizar principalmente os primeiros anos de vida, entre os dois e três anos, quando se inicia o processo de *individuação* e de *identidade pessoal*. Nesse processo, são determinantes as "referências" estáveis e contínuas, como a família.

Além dos primeiros anos de vida, o desenvolvimento da personalidade depende das mudanças que ocorrem no comportamento e nas habilidades do indivíduo durante todo o ciclo vital, sobretudo na infância e na adolescência. Esses períodos são, portanto, os mais estudados pelos psicólogos do desenvolvimento da personalidade, com abordagens teóricas, metodológicas e técnicas variadas[327].

---

325 Tanto é que nós "etiquetamos" as pessoas a partir do lugar onde elas moram: "os Mineiros são..."; "os Cariocas são..." etc.

326 A pessoa "significativa" e de referência não necessariamente deve conviver com o indivíduo. Ela pode estar longe, ser um cantor, um jogador de bola etc; é algo bastante comum nos adolescentes e nos jovens.

327 Pela *abordagem psicanalítica*, o indivíduo é um organismo simbólico, capaz de atribuir significados a si mesmo e ao mundo. O organismo é determinado por sua história pessoal. A mudança — vista como resultado de conflitos internos, por exemplo, entre amor e ódio, união e separação — é essencialmente qualitativa e procede de acordo com estágios específicos e distintos (S. Freud).

5.3. Temperamento, caráter e personalidade

Temperamento e caráter são as duas dimensões da personalidade usadas para expressar formas de pensar e sentir da pessoa. Elas estão relacionadas entre si, e essa grande afinidade, muitas vezes, leva a confundir os significados. Portanto, essas dimensões são afins, mas diferentes.

Temperamento

Quando falamos de temperamento[328], estamos nos referindo àquela parte inata da personalidade determinada pela herança genética. Ele tem sua expressão própria nos impulsos, nas tendências instintivas, nas disposições, nas necessidades, nos estados afetivos etc. Tratam-se de aspectos congênitos e, portanto, não mediados pela cultura[329].

O patrimônio orgânico (constituição morfológica e fisiológica) determina uma inicial estrutura psíquica ou temperamento[330]. "Inicial", porque aos fatores hereditários devemos adicionar os fatores ambientais.

Pela *abordagem comportamental*, a mudança não vem de dentro, mas é o ambiente que a impõe de fora; ela possui causas ambientais. A criança é modelada e moldada pelo ambiente, pois ela tende a repetir os comportamentos que tiveram resultados positivos e a eliminar os negativos (B. F. Skinner, A. Bandura etc.).

A *abordagem organísmica* (uma extensão da Gestalt) considera o indivíduo um organismo ativo e com capacidade de organização. A mudança é uma característica primária de seu comportamento e uma consequência do intercâmbio contínuo entre a criança e o meio ambiente (Vygotsky, Werner).

Para a *abordagem cognitivista*, a personalidade existe a partir do momento em que se forma um "programa de vida" que é, ao mesmo tempo, origem da disciplina (vontade) e de intervenções externas. Esse programa de vida, no entanto, pressupõe a intervenção do pensamento e da livre reflexão e, portanto, só pode ser elaborado quando ocorrem certas condições intelectuais, como o pensamento formal ou hipotético-dedutivo (Piaget).

328 O termo "temperamento" deriva do latim *temperare*, ou seja, misturar, ou reunir, na medida certa, uma série de características individuais.

329 Nos recém-nascidos, já é possível distinguir diferentes tipos de temperamento; dependendo de sua tendência a sentir e mostrar emoções positivas ou negativas, podemos prever se a criança será "mais fácil" ou 'difícil' em termos comportamentais.

330 A *Teoria humoral*, enunciada por Hipócrates na Grécia Antiga, foi uma das primeiras com as quais se tentou explicar o temperamento. Hipócrates

Sendo de origem genética e fruto da constituição hereditária, o temperamento é difícil, mas não impossível, de ser modificado; podemos sempre contar com alguns recursos para fortalecê-lo ou inibir sua manifestação.

Caráter

Se o temperamento é a resposta psíquica natural ao patrimônio orgânico hereditário, o caráter, ao contrário, é o resultado da interação sujeito-ambiente[331]. Ele é o reflexo das nossas experiências e o fruto das iniciativas pessoais; "é o que nós fazemos de nós mesmos intencionalmente"[332]. O caráter é, portanto, menos estável que o temperamento, mais modificável e sujeito a alterações por meio da educação social.

Como componente da personalidade, o caráter tem seu viés inato e adquirido o temperamento (constituição hereditária) e o conjunto de hábitos educacionais e relacionais que a pessoa aprendeu. O todo se manifesta concretamente através de um comportamento típico, de uma forma constante de interagir com os estímulos ambientais[333].

---

considerava que a personalidade e o estado de saúde de uma pessoa dependessem do equilíbrio entre quatro substâncias: bile amarela, bile negra, fleuma e sangue. Ele as chamou de *humores corporais*.

Alguns séculos depois, Galeno de Pérgamo, baseado na classificação de Hipócrates, categorizou as pessoas de acordo com seus temperamentos, distinguindo quatro classes de pessoas:

o *colérico* (bile amarela): pessoa apaixonada e enérgica, que se irrita facilmente;

o *melancólico* (bile negra): indivíduo triste, facilmente comovido e com grande sensibilidade artística;

o *fleumático* (fleuma): sujeito frio e racional;

o *sanguíneo* (sangue): pessoa alegre e otimista, que expressa afeto aos outros e é confiante em si mesmo.

331 Na criança, o caráter ainda não se distingue do temperamento, pois a decisão não se diferencia do impulso. Os processos de inibição são subdesenvolvidos, os esquemas mentais são muito simples etc.

332 CLONINGER C. R. Assessment of the impulsive-compulsive spectrum of behaviour by the seven-factor model of temperament and character. *In*: J. M. OLDHAN; HOLLANDER E.; A. E. SKODOL. (ed.). **Impulsivity and Compulsivity**. Washington D.C.: American Psychiatric Press, 1996.

333 G. Allport diria que "o caráter é, simplesmente, personalidade do ponto de vista ético".

Diante de um comportamento de uma criança, às vezes, ouvimos dizer: "É o seu caráter. É assim: não há nada a fazer!". A frase expressa uma crença difundida, isto é, a ideia de que as crianças, já nessa idade, têm um caráter estavelmente definido e de que o adulto não pode fazer nada além de reconhecer e resignar-se. Essa crença, por mais disseminada que seja, não tem fundamento no conhecimento que temos hoje da "psicologia do desenvolvimento". Ela, em primeiro lugar, confunde *temperamento* com *caráter*; não é uma questão nominal, mas de substância: refere-se à relação entre o *patrimônio biológico* e o *meio ambiente*. O caráter não é algo de inato e imutável. O ambiente, as experiências, a ação do indivíduo, suas habilidades específicas etc. são fatores que, em sua interação recíproca e complexa, contribuem para moldá-lo ao longo do tempo[334].

Personalidade

Não existe uma definição única nem clara da personalidade, pois é um sistema complexo. Cada corrente filosófica e psicológica forneceu sua própria visão e conceito, semelhantes entre si, mas diferentes na totalidade. Todos eles concordam em dizer que, na pessoa, existe certo padrão que a leva a se comportar de maneira afim em situações semelhantes.

As definições mais usadas e aceitas atualmente são: "A personalidade é a soma total dos padrões comportamentais efetivos ou potenciais do organismo, conforme são determinados pela hereditariedade e pelo ambiente"[335]; e "A personalidade consiste nos padrões típicos de comportamento (incluindo emoções e pensamentos) que caracterizam a adaptação do indivíduo às situações da vida".[336] Por isso, podemos dizer que a personalidade é uma *unidade dinâmica*.

Nas duas definições de personalidade, estão presentes os aspectos biológicos do temperamento e os aspectos psíquicos do carácter. Seu desenvolvimento envolve a interação dos dois aspetos: os fatores

---

[334] Silvia Bonino. *In:* "Psicologia contemporânea", Maggio-giugno 2020, pag. 60-61.

[335] Eynseck, Hans. **Dimensioni della personalità**, 1947.

[336] Foucault, Michel. **La volontà di sapere**, Feltrinelli: Milano, 1978.

constitucionais inatos e os fatores educacionais, ambientais e culturais; um conjunto de processos que interagem entre si e se autorregulam, formando um sistema dinâmico.

5.4. Personalidade madura

A maturidade humana é um processo que nos acompanha ao longo da vida; consequentemente, não há maturidade abstrata, mas uma maturidade relativa: a cada idade corresponde um estágio específico de desenvolvimento e de maturidade[337].

Geralmente, a maturidade humana é entendida como consciente plenitude de todas as próprias capacidades físicas, psíquicas e espirituais, bem harmonizadas e integradas entre si. Nesse viés, enfatiza-se, sobretudo, o "bom relacionamento", pois a maturidade de uma pessoa se manifesta, principalmente, no relacionamento interpessoal, apresentando-se como algo que dá "alegria e prazer". A. Grün oferece uma bela imagem para expressar a maturidade humana: "A fruta amadurece para que possa ser degustada e comida. A imagem da maturidade humana lembra o desenvolvimento de uma fruta. O amadurecimento é um processo de crescimento. Uma fruta está madura quando se tornou o que deve ser por sua natureza e quando pode ser apreciada por outros. Uma pessoa é madura quando desenvolveu seu ser e se tornou uma bênção para os outros"[338]. Assim como é gostoso saborear uma fruta madura, também é agradável viver com uma pessoa madura: perto dela, nos sentimos bem. A harmonia interior de sua personalidade provoca uma atmosfera positiva ao seu redor, e todos se sentem confortáveis.

Há psicólogos que se interessaram, de uma maneira particular, pelo processo humano que leva à maturidade, apresentando listas de traços que caracterizam a pessoa madura. Estes podem ser resumidos

---

337 É bom lembrar, porém, que "a maturidade de uma pessoa é uma dimensão ideal, que raramente é alcançada em plenitude. Nós não temos o dever de ser maduros, mas sim de amadurecer" (Hermann M. Stenger, *Der Glaube im Werden - Fé em andamento*), 1996.

338 Grün, Anselm (2006). **Essere persona umana completa**. Queriniana: Brescia, 2008.

em: autocontrole, estabilidade de humor, capacidade organizativa, boas relações interpessoais, naturalidade nos relacionamentos, capacidade de acolher os problemas dos outros, bom senso, autoestima, simplicidade, serenidade interior, alegria de viver, autonomia e independência em relação às influências negativas da cultura e do ambiente, natural tendência aos valores e clareza sobre o sentido da vida, desejos realizados em perfeito acordo com a razão etc. Vejamos brevemente alguns desses traços.

Harmonia

Para o psicólogo norte-americano G. Allport, "é psicologicamente madura a pessoa que consegue criar uma síntese harmoniosa tanto entre os diferentes componentes da vida emocional (em particular a sexualidade e a agressividade), como entre a emotividade e a razão". Essa harmonia se manifesta no "relacionamento ativo com o próprio ambiente (sem domínio nem passividade), numa certa unidade de personalidade, na capacidade de perceber exatamente o mundo em si mesma"[339]; na capacidade de integrar, na própria personalidade, todas as habilidades e possibilidades que existem nela, suas zonas de luz e de sombra; em não se deixar arrastar por aqui e ali por diferentes necessidades[340].

A harmonia na pessoa pode ser paragonada à harmonia de um órgão: quando as teclas estão em acordo entre elas, o órgão produz belas sinfonias. Assim ocorre na pessoa: quando as várias características e dimensões dela estão em harmonia, da pessoa saem as mais belas sinfonias, como a 9ª de Beethoven.

Autocontrole

A pessoa madura é aquela que sabe aceitar, com serenidade, a própria emotividade e lidar com as próprias emoções, negativas e positivas, sem reprimi-las. Ela sabe transmitir as emoções positivas e controlar as

---

[339] ALLPORT, Gordon Willard. **Personalidade**: padrões e desenvolvimento. São Paulo: EPU, 1973.

[340] B. GIORDANI. *Il colloquio psicologico...*, Roma, Rogate, 1985, 119.

negativas; sabe decifrar as emoções alheias e respeitá-las. "As pessoas com capacidade emocionais bem desenvolvidas e autocontroladas têm mais probabilidade de serem felizes e eficazes na vida" (D. Goleman).

Autonomia e equilíbrio

Pessoa madura é aquela que desenvolveu uma própria consciência pessoal que a torna capaz de pensar e julgar de forma autônoma e viver, com equilíbrio e harmonia, as próprias pulsões (S. Freud); que sabe trilhar o caminho da individuação e chegar ao equilíbrio entre os "polos": amor e agressividade, inteligência e sentimento, disciplina e indisciplina, força e fraqueza etc. (C.G. Jung); que sabe reconhecer as necessidades apropriadas ao momento em que está vivendo (*o hic et nunc — aqui e agora*) e, nos conflitos inter-relacionais, sabe encontrar a solução melhor para si e para os outros (F. Perls).

A pessoa madura é aquela que não se deixa levar pela "massa"; ao contrário, ela possui valores bem estruturados dentro de si e defende as próprias ideias sem impô-las; é aquela que assume a vida como "tarefa" e, ao tomar suas decisões, sabe conjugar liberdade e responsabilidade (J. Ortega) [341]. A Ortega faz eco C. Rogers quando afirma que "maduro é quem, durante sua vida, cumpre sua *vocação* única e irrepetível: todos devem descobrir seu próprio valor interior e agir em conformidade, em vez de se comportar de acordo com as expectativas dos outros.

Autoestima

Superar o complexo de inferioridade e desenvolver sentimentos de confiança e autoestima para ser capaz de estabelecer relacionamentos positivos, viver harmoniosamente a sexualidade e ser capaz de integrá-la no projeto de vida pessoal (A. Adler); ter uma clara identidade

---

[341] A pessoa imatura — que Ortega chama de "homem massa", "homem médio" ou "homem vulgar" — é aquela que toma suas decisões a partir da opinião prevalente no grupo, e não a partir de suas convicções e projeto de vida; é aquela que acha que tem somente direitos e, por isso, se sente eximido de cumprir deveres ou responsabilidades. "Desse modo, desvaloriza estruturas sociais importantes, como as relações humanas na família, amizades e relacionamentos amorosos, ao possuir uma tendência a voltar-se para si mesmo e seus próprios interesses imediatistas" - ORTEGA Y GASSET, José. **A rebelião das massas**. 2. ed. Ed. Ridendo Castigat Mores, 2002).

de si mesmo para ser capaz de boas relações humanas (*intimidade, generatividade e integridade do Ego) são* os principais sinais da maturidade (E. Erikson).

Autorrealização

Para A. Maslow, a maturidade de uma pessoa coincide com o estágio da *autorrealização*: descobrir o verdadeiro sentido da vida e se empenhar em realizá-lo. A pessoa autorrealizada tem o bom sentimento de pertença ao grupo e sabe satisfazer sua afetividade sem prejudicar os outros. Além disso, tem amizades e sabe lidar com elas, se sentindo amada e digna de amor. Essa pessoa sente que tem um status e um lugar próprio na vida sem invejar os outros, sente que é estimada por eles e tem bom conhecimento do próprio valor. Sua autoestima está suficientemente desenvolvida.

A tudo isso Maslow acrescenta a peak experience (experiência sublime), que é a expressão mais sublime da maturidade. Ele afirma que, afinal, todo homem deve ser capaz de viver a *experiência sublime*, a qual, em sua linguagem, indica um estado de graça típico em que, por ocasião de uma experiência particular, a personalidade apreende seu valor infinito.

Autotranscendência

Para V. Frankl, o homem é um ser único e irrepetível. Ele possui uma dimensão *noética* ou espiritual, que é própria e só do ser humano: dar significado à própria vida e descobrir a "tarefa" da própria vida. Diante das dificuldades e dos problemas, o homem tem em seu íntimo a força do espírito para criar e inventar soluções. Ninguém e nada tira do homem essa capacidade e liberdade de dar um *sentido* à própria vida. Mas também ninguém pode lhe substituir nessa trajetória. O "*Sentido da vida*"[342] é uma descoberta pessoal, assumida com

[342] Em seu livro *Em busca de sentido* (1946), talvez a obra mais significativa, Frankl explica que temos duas forças psicológicas as quais nos permitem suportar situações dolorosas, possivelmente devastadoras, e seguir em frente: a *capacidade de decisão* e a *liberdade* de agir. Ele enfatiza que nós não estamos à mercê do ambiente ou dos acontecimentos, porque somos nós que determinamos como nos deixaremos

liberdade e responsabilidade[343]. O verdadeiro sentido da vida está na *autotranscendência*: olhar para além de si mesmo e das próprias e meras necessidades imediatas e se abrir ao mundo, às necessidades dos outros. Ao assumir com responsabilidade e liberdade essa sublime tarefa, preocupando-se com os outros e esquecendo-se de si mesmo, se alcança a plenitude existencial, e a vida adquire a mais preciosa e autêntica beleza[344].

Descobrir a pátria interior

Para R. Assagioli, o processo de amadurecimento da pessoa comporta levar em séria consideração, desde a infância, a dimensão espiritual, a relação com Deus, isto é, *descobrir nossa pátria interior*: "Nossa pátria está dentro de nós e lá somos soberanos. Até que não chegamos

---

influenciar. Até mesmo o sofrimento pode ser visto de modos diferentes, dependendo da nossa interpretação dos fatos: "*o sofrimento deixa de ser sofrimento quando ganha sentido*". O sentido é algo que precisa "ser descoberto, e não inventado", pois ele está em nós; o encontramos na vida e, sobretudo, no amor, exercendo a criatividade e de acordo com a maneira como escolhemos enxergar os fatos.
"É normal que uma pessoa se desespere. O desespero não é uma patologia. O desespero é parte normal da vida normal de uma pessoa normal. A questão importante é que a vida não termina com o desespero, como num arame farpado de um campo de concentração... Mesmo se temos muitos problemas, provavelmente mais do que temos consciência, o homem tem em seu íntimo a força do espírito que cria, inventa soluções que nós sequer imaginamos... Nas situações sociais, que parecem não ter saída, que apenas pioram, ter uma fé incondicional - não me refiro a uma fé religiosa, mas fé na capacidade humana - tem o duplo efeito de permitir sobreviver e melhorar a qualidade de vida... *Mesmo que uma pessoa não tem mais nada neste mundo, ainda pode conhecer a felicidade*" (V. E. Frankl)

343 A liberdade sem responsabilidade ou nos torna loucos, ou criminosos; portanto, é importante encontrar um equilíbrio entre liberdade e responsabilidade (Frankl).

344 De 1942 a 1945, Frankl foi o prisioneiro nº 119.104 nos campos de concentração nazistas. Sobreviveu, mas perdeu os pais, um irmão e a primeira esposa. Foi durante o inferno do Holocausto que, baseado na própria experiência, Frankl desenvolveu a ideia de que a busca de um sentido para a vida é fundamental para a sobrevivência, inclusive em situações extremas. "*Nunca e jamais importa o que nós ainda temos a esperar da vida, mas sim exclusivamente o que a vida espera de nós*"; essa descoberta orienta a existência em direção ao futuro. O *sentido da vida* é encontrado cada vez que pensamos que ainda nos resta algo para fazer. Ganha destaque aqui a famosa frase de Nietzsche: "*Quem tem por que viver pode suportar quase qualquer como*".

a redescobrir esta antiga verdade, estaremos condenados a vagar sem rumo e a buscar consolo onde não há, isto é, no mundo exterior"[345].

5.5. Maturidade afetiva

Em psicologia, pelo termo "afetividade", (do latim *affectus, afficere*, impressionar, influenciar) entende-se o conjunto de fenômenos afetivos (sentimentos, emoções, paixões etc.) que caracterizam as reações psíquicas de um indivíduo.

Sentimento, emoção, paixão e *afeto* são termos muito próximos e entrelaçados a ponto de, às vezes, ser muito difícil distingui-los[346]. Eles constituem a base da nossa vida e entram em jogo na vida relacional, na elaboração dos projetos e na tomada das decisões.

Do ponto de vista psicológico, se quiséssemos fazer uma distinção, poderíamos dizer que a *emoção* é uma tendência que nos leva a uma ação imediata[347]; já o *sentimento* e o *afeto* entram em jogo em um momento posterior. O sentimento é mais reflexivo e consciente da emoção; além disso, é menos intenso, mas mais estável e duradouro ao longo do tempo.

---

345 Assagioli Roberto. **Psicossíntese** - Manual de Princípios e Técnicas. São Paulo: Ed. Cultrix, 1982. Psiquiatra italiano, pioneiro nos campos da *Psicologia humanística e transpessoal*, fundou o movimento psicológico conhecido como *Psicossíntese*.

346 Uma primeira distinção que poderia ser feita é que as emoções têm raízes em partes inconscientes. A maioria das preferências manifestadas nas escolhas ordinárias da vida, como a compra de um produto, tem, em sua maioria, motivações inconscientes; pensemos também no surgimento espontâneo de simpatias e antipatias diante de pessoas totalmente desconhecidas. A influência do inconsciente no surgimento das emoções e nas escolhas pode ser evidenciada também em situações decisivas da vida, como a escolha da pessoa para se casar: não é incomum o caso de quem procura no companheiro um substituto parental, um pai ou uma mãe. Foi observado que as pessoas que passaram por experiências de violência desencadearam o que se chama de *compulsão à repetição*, escolhendo, frequentemente, pessoas semelhantes àquelas por quem foi abusada, ou até se casar com essa mesma pessoa.

347 M. Arnold define a emoção "uma tendência sentida em direção a algo que parece 'bom' ou uma separação de qualquer objeto classificado como 'mal'" (Magda B. Arnold. *Emoção e personalidade*, 1960). Essa definição contem os dois elementos fundamentais que caracterizam a emoção: a *avaliação* (consciente ou inconsciente) e a *resposta* em termos de inclinação e, se aprovada, de ação (atração ou repulsão).

A parábola evolutiva da afetividade começa desde as primeiras fases da vida, com as experiências de cunho simbiótico e narcisista que visam à sobrevivência da criança. Em seguida, ela passa por estágios de remodelação dos vínculos, os quais variam entre apego, separação e perda. Ao final dessa parábola, deveríamos chegar a uma afetividade adulta, que se expressa em todas as suas diferentes formas: amizade, amor erótico e até amor gratuito (ágape).

A afetividade é o motor do desenvolvimento psíquico e do comportamento da pessoa. Dela depende uma vida "colorida". Uma afetividade madura se manifesta numa vida positiva, alegre, entusiasmada, serena e harmoniosa. A pessoa afetivamente madura é capaz de manter uma comunicação harmoniosa consigo mesma e com os outros; ela não reprime suas emoções e não as expressa impulsivamente, integrando-as de forma serena em todas as manifestações da vida.

Por outro lado, a afetividade imatura se reflete numa vida sem entusiasmo, de negatividade, de pessimismo e de dependência[348]. A *psicodependência* e a *psicopossessividade*, duas expressões narcísicas inconscientes, são o verdadeiro bloqueio para uma afetividade madura, pois a outra pessoa é reduzida e degradada a simples objeto de satisfação do desejo.

Na afetividade psicodependente, a parte emocional prevalece sobre a intelectual, e o equilíbrio entre razão e sentimento é muito precário. A pessoa se torna rígida e adocicada ao mesmo tempo (contínua mudança de humor); não consegue aceitar seus limites com serenidade; não sabe dar respostas adequadas aos seus sentimentos; torna-se vítima do seu mundo subconsciente, do seu mundo reprimido: emoções, medos, necessidades, desejos inaceitáveis, feridas passadas etc.

Assim como na personalidade, na afetividade, o conceito de maturidade é sempre relativo, diferenciado e dinâmico: a maturidade afetiva não é uma situação estática, alcançada de uma vez por todas. Todos os dias, talvez com fadiga e dificuldade, devemos progredir e avançar.

---

[348] Cucci S.I., Givoanni. **I sentimenti sono necessari per vivere?** La Civiltà Cattolica, 2011 IV 10-21 quaderno 3871.

Afetividade e sexualidade

A sexualidade é um componente básico de uma afetividade madura. A pessoa afetivamente madura goza de uma margem considerável de liberdade interior, de autocontrole e de responsabilidade (que lhe permitem investir os impulsos sexuais para o crescimento pessoal); de amar construtivamente, sabendo integrar o amor biológico (ou carnal) e psicológico (ou erótico) com o amor oblativo, de doação[349]. Nesse nível, a sexualidade não é voltada só para a gratificação e o prazer genital, mas também para a estabilização e o crescimento dos laços afetivos. Para chegar a essa expressão de doação profunda e "recreativa", mas não alienante, a sexualidade precisa de relações autênticas e estáveis, não de variáveis infinitas que refletem apenas a incapacidade de amar, numa atitude narcísica que expressa solidão, incerteza, infelicidade. Hoje, infelizmente, assistimos a uma sexualidade líquida (Bauman), aliás, liquefeita, fluida, ou seja, inexistente.

349 B. GIORDANI, *Il colloquio psicológico...*, Roma, Rogate, 1985, 119.

6. À RAIZ DA IDENTIDADE PERDIDA

Diante de uma identidade sexual líquida e dos transtornos sexuais, a pergunta é: "O que leva uma pessoa a viver uma identidade sexual em dissonância com sua biologia? À pergunta não temos respostas unânimes e definitivas. São muitas, porém, as pesquisas e os estudos que comprovam que ninguém nasce homossexual, bissexual, transexual etc.[350] e que, na história pessoal de cada um, podemos encontrar a resposta sobre a origem da identidade sexual. Dentro dessa história, estão também as ideologias dominantes.

6.1. Transumanismo e pós-humanismo

Entre os movimentos que favorecem a busca de uma identidade sexual alternativa à biológica e à teoria de gênero, há o *transumanismo* e o *pós-humanismo*.

O transumanismo é um movimento cultural, intelectual e científico que enfatiza o dever moral de melhorar (*enhancement*) as capacidades físicas e cognitivas da espécie humana, aplicando ao homem as novas tecnologias para que aspectos indesejados de sua espécie, como o sofrimento, a doença, o envelhecimento e, até mesmo, a morte, possam ser eliminados[351].

---

[350] Cf. Revista *Science*, agosto de 2019.

[351] Cf. Bostrom Nick. **Intensive Seminar on Transhumanism**. New Haven: Yale University, 2003. *In*: Singer P.; Harris, J.; Sandel J.; Sandberg A.; Savulescu J.; Bostrom N.; SAVULESCU, J. (ed.), **Human Enahcement**. Oxford: Oxford University Press, 2009.

Esse novo ser, o transumano, seria, porém, um ser humano em transição para o *pós-humano*, ou seja, alguém com capacidades físicas, intelectuais e psicológicas "melhores" do que um "humano normal". Ele seria um ser "mais perfeito" que o *ser humano* e o *transumano*; gozaria de uma vida mais longeva e sem envelhecimento, de maiores habilidades intelectuais (mais inteligente que os outros); e teria um corpo de acordo com seus desejos, poderia fazer cópias de si mesmo, teria total controle emocional[352].

Do *transumano* ao *pós-humano*: uma mudança da natureza humana a partir dos progressos da informática e da biotecnologia que vai além das fronteiras naturais do ser humano, modificando o desenvolvimento da humanidade futura[353]. Isso significa que os traços humanos naturais se integrarão aos não humanos, resultando na criação de *indivíduos híbridos* com novas habilidades físicas e cognitivas[354].

Diante da possibilidade de que os avanços da tecnologia futura possam consentir transformar radicalmente a humanidade[355], o movimento transumanista defende o direito moral de usar todos os métodos tecnológicos por aqueles que o desejam. Dessa forma, esse movimento

---

O transumanismo coloca uma série de questões fundamentais, como as seguintes: "O que se quer dizer com *melhoramento* (*enhancement*) da espécie humana? Onde está o limite entre terapia e melhoria? Existem limites éticos para o melhoramento do corpo e da mente do homem? Quando um homem é "normal" e quando não é? O critério de normalidade é estabelecido com base em padrões físicos e nas estatísticas sobre o número de seres humanos que o possuem? (Cf. Elena Postigo Solana, Medicina e Morale 2009/2: 267-282).

352 Cf. Bostrom N.; Roache R. Ethical Issues in Human Enhancement. *In*: Ryberg. J. *et al.* (ed.). **New Waves in Applied Ethics**. Palgrave: Macmillan, 2007.

353 Marchesini R. **Il Tramonto dell'uomo**: la prospettiva post-umanista. Bari: Edições Dedalo, 2009.

354 Cf. Occhetta, Francesco. Cyborg. Tra nuove tecnologie e domande antropologiche. *In*: **Civ. Catt**, 2012 IV, 474-481.

355 Para os transumanistas, as formas concretas, pelas quais se deve percorrer essa passagem da espécie humana para uma espécie superior, são a eugenética embrional e pré-natal. Isso significa a seleção de seres humanos 'sem defeitos e patologias' e a eliminação dos doentes; a eleição de embriões saudáveis e a eliminação daqueles com patologias graves; a eliminação, por meio do aborto, de fetos com anomalias congênitas etc. (Cf. Savulescu J. **New breeds of humans**: the moral obligation to enhance. Ethics, Law and Moral Philosophy of Reproductive Biomedicine, 2005)

visa ampliar suas habilidades físicas e intelectuais e modificar o próprio corpo para superar as limitações biológicas às quais o homem atual está ligado, entre elas, a sexualidade.

A antropologia do pós-humanismo

O movimento pós-humano contesta fortemente a existência de uma ideia de humano e de humanidade imutáveis, propondo a superação da definição de ser humano a favor de um novo *híbrido* que toma o nome de *cyborg*[356] e representa a condição pós-humana e o fulcro da nova antropologia[357].

Se a existência humana não é regida mais pelo conceito de natureza, mas dominada pela maleabilidade, o indivíduo deve ter a liberdade de tomar conta da sua constituição e o direito de direcionar as mudanças do seu "ser" para os objetivos que escolhe de vez em quando. No pós-humanismo, o imperativo moral torna-se, então: "Deves assumir a tua constituição biológica modificando-a ao teu gosto", pois as definições do homem como "animal racional", "união do corpo e da alma" ou "criatura consciente" já não são válidas.

A partir dessa antropologia, podemos deduzir que a constituição pós-humana e maleável da pessoa nega qualquer valor que tem como referência a natureza; o único valor é a vontade do indivíduo em plasmar-se a si mesmo, abandonando-nos num horizonte contínuo de redefinição do ser humano e dos valores que lhe estão associados.

Consequentemente, para fundar a identidade sexual e de gênero, não deve ser seguida nenhuma indicação ético-normativa, uma

---

356 O termo *cyborg* — nascido da união das palavras inglesas *cybernetic* e *organism* (organismo cibernético) — indica um sistema complexo composto por partes biológicas e dispositivos (*devices*) monotecnológicos. Um *ser cyborg* seria uma mistura de biológico e eletrônico. Diante dos avanços da tecnologia, devemos distinguir a intervenção *terapêutica* da *eugenética*. Neste caso, isso significa diferenciar uma *cibernética terapêutica* (por ex: próteses que substituem órgãos ou tecidos, como os marca-passos, a perna mecânica (*flex-foot*) de Oscar Pistorius, os dispositivos eletrônicos inseridos dentro do ouvido para ajudar os deficientes auditivos a recuperar a audição etc.) da *cibernética eugenética* com o objetivo de modificar a biologia da pessoa.

357 Cf. BENANTI, P. **The Cyborg**: Corpo e corporeità nell'epoca del post-umano. Assisi (Pg): Cittadella, 2012.

vez que o valor depende da vontade do sujeito. Estamos diante de um movimento cultural que não aceita o humano como algo já dado, já definido, mas diante de uma ideologia que pensa em construir algo que não existe e que é tecnicamente possível. Não se põe a pergunta: *Tudo o que é tecnicamente possível é também eticamente licito?*

O pós-humanismo é a demonstração de que a autonomia colocada nas mãos da razão tecnológica pode tornar-se um ídolo louco. O ser humano é o produto milagrosamente complexo de um longo processo evolutivo, um produto cuja totalidade é muito mais do que a soma de suas partes. Assim, mudar apenas uma das suas principais características implica modificar um todo complexo e interligado de qualidade, e nós nunca poderemos prever o resultado final.

Deus criou o *mundo perfeito, mas incompleto*, e o entregou ao homem para que o completasse de acordo com o projeto inicial do Criador. Imaginemos, agora, um pai arquiteto que projeta uma construção em perfeito acordo com todas as regras da engenharia, põe os alicerces e a entrega ao filho para continuá-la. Se o filho mudar as regras a seu gosto, o desastre será imprevisível.

6.2. A identidade sexual transcende o desejo consciente da pessoa

Para a maioria dos psicólogos, psiquiatras e neurocientistas, a *orientação sexual* e a *identificação* da pessoa com um gênero é um processo "completamente alheio à vontade da pessoa". Nesse contexto, vários aspectos entram em jogo: "Todos nós temos um aparato neuronal que nos leva a ser sensíveis à natureza da nossa espécie; temos, também, todo um aparato e toda uma evolução que nos leva a sermos sensíveis ao nosso ambiente. Tudo está em jogo na orientação sexual: os hormônios estão em jogo, a cultura está em jogo, a maneira como a gente educa está em jogo, a moda está em jogo"[358]

---

[358] Alda Loureiro Henriques, especialista em psicologia evolucionista e professora do programa de Pós-Graduação em Neurociência e Comportamento da Universidade Federal do Pará.

A identidade sexual transcende o desejo consciente da pessoa, apresentando-se como um processo altamente complexo que "passa por processos simbólicos muito complexos", e envolve uma série de fatores, entre os quais se destacam a maneira como o indivíduo lida com seu corpo, como interpreta e elabora suas relações e como foi elaborado o processo de *individuação* e *identificação* na infância[359]. São esses fatores que acabarão determinando como o indivíduo lida com seu sexo.

Precisamos sempre ter presente, como já falei, que a pessoa não é uma ilha; podemos dizer que ela é um arquipélago, onde tudo está interligado. O indivíduo, desde o nascimento, está interligado com todas as realidades que estão ao seu redor, sendo, a partir da influência exercida por cada uma delas na pessoa — sobretudo na infância — que depende o desenvolvimento de sua personalidade. Essas realidades que entram em jogo são: o *biológico* (DNA), o *ambiental* (áreas geográficas), o *social* (relacionamentos interpessoais) e o *psicológico* (as experiências vividas).

Nenhuma dessas realidades, individualmente, explica a formação da identidade sexual, mas, no conjunto, pode nos ajudar a compreender algumas "falhas" ou "carências" que aconteceram no processo de desenvolvimento da pessoa.

6.3. O contributo da psicanálise

A psicanálise coloca a origem da *orientação e* das *perversões sexuais* nas dinâmicas relacionais inconscientes durante a primeira infância. Algumas dessas teorias são a do *Complexo de Édipo e a do Modelo de imitação.*

A teoria do "Complexo de Édipo"

Para S. Freud, a formação da *identidade sexual* depende da maneira como a criança sai do Complexo de Édipo. Segundo ele, a criança,

---

[359] Para um estudo multidisciplinar do desenvolvimento que integre biologia, psicologia, medicina e neurociências cf. LUCANGELI, Daniela; VICARI, Stefano. **Psicologia dello sviluppo**. Milano: Mondadori, 2019.

na *fase fálica*[360], lida inconscientemente com um tipo de relacionamento com os pais chamado de *Complexo de Édipo*: amor pelo genitor do sexo oposto e sentimento de rivalidade pelo genitor do mesmo sexo[361]. No caso do menino, ele experimenta, contemporaneamente, um conjunto de desejos inconscientes: amor pela mãe e hostilidade pelo pai, que vê como rival[362]. Isso causa nele sentimentos inconscientes de culpa e de medo: culpa devido à rivalidade que sente pelo pai e medo de ser "castrado" pelo pai por conta de sua rivalidade com ele e do apego à mãe (*Complexo de castração*). A saída que ele encontra é aceitar a situação e ser "amigo" do pai.

Nesse emaranhado de sentimentos, a criança deve ser capaz de equilibrar os sentimentos de amor e de hostilidade pelos dois sexos, isto é, pelo pai e pela mãe. Sua orientação sexual de adulto será fortemente influenciada pelo desenvolvimento de suas habilidades de amor ou de ódio durante esse período da infância.

Teoria do "Modelo de imitação"

A. Bandura, na *Teoria da aprendizagem social*, argumenta que a maior parte do comportamento humano é aprendida por imitação[363]. Há, então, uma *dinâmica de reforço* entre o ambiente e o comportamento: "O comportamento é parcialmente responsável por criar o ambiente, e o ambiente resultante, por sua vez, influencia o comportamento"[364].

A respeito da criação dos filhos, Bandura fala de *Modelo de comportamento*: na educação, não é o que os pais ou os educadores dizem,

---

360 Entre os 3 aos 6 anos; é o primeiro estágio em que as crianças se tornam conscientes das diferenças sexuais; fase em que ocorre também a formação da *libido* e do *ego*.

361 FREUD, S. **A Interpretação dos sonhos**, 1899. Nessa obra, Freud propõe o *Complexo de Édipo* como um fenômeno universal psicológico inato (filogenético) dos seres humanos. Hoje a teoria é muito discutida na área da psicologia e psicanálise por carecer de evidências cientificas e por ser limitada a uma particular cultura.

362 O mesmo fenômeno psíquico ocorre nas meninas com relação ao pai. A este se dá o nome de *Complexo de Electra*.

363 A Teoria da *Aprendizagem Social* é a terceira grande via da aprendizagem junto as do *Condicionamento clássico* (Pavlov) e do *Condicionamento operacional* (Skinner).

364 BANDURA, Albert. **Teoria da Aprendizagem Social**. New York: Academic Press, 1977.

mas o que eles "são" que vai mudar o comportamento das crianças. E, se a criança muda pelo que os pais e educadores dizem, a mudança ou é apenas superficial ou por fingimento e medo. O pensamento e o comportamento da criança se modificam verdadeiramente quando as figuras de referência (pais, educadores etc.) são tomadas como *modelos*; há, assim, um processo de identificação da criança com o modelo. É o processo que Bandura chama de *Modelo de imitação*.

A teoria de Bandura fornece dados importantes para entender o desenvolvimento da *identidade de gênero*. Segundo os dados obtidos por ele, as crianças inclinam-se a se comportar de acordo com as expectativas dos pais: um menino que é tratado como menina tende a responder às expectativas dos pais e a se comportar como menina (na escolha dos brinquedos, vestidos, amiguinhas etc.). E, se na família, ou no parentesco, há uma menina que recebe mais elogios, isso *reforça* nele tal comportamento para receber as mesmas atenções. Do mesmo modo, caso um menino escute os pais elogiarem sempre a menina dos amigos, esse fato pode levá-lo a desejar ser menina e se comportar como menina para receber os elogios dos pais. A mesma situação acontece quando, na família, há uma menina e nasce um menino que recebe mais carinho do que ela, podendo levar a menina a se comportar como menino para receber os mesmos carinhos.

Segundo o *Modelo de imitação*, as crianças observam as pessoas ao seu redor, e os indivíduos observados são chamados de *modelos*. Na sociedade, as crianças estão cercadas por muitos modelos influentes, como os pais na família, as personalidades da TV, os amigos do grupo de pares e os professores na escola. Esses modelos fornecem exemplos de comportamento a serem observados e imitados; por exemplo, o comportamento masculino e feminino, pró e antissocial e assim por diante.

As crianças prestam atenção a algumas dessas pessoas (modelos) e codificam seu comportamento. Mais tarde, elas podem imitar (ou seja, copiar) o comportamento que observaram E podem fazer isso independentemente do comportamento ser "apropriado ao gênero" ou não, mas há uma série de processos que tornam uma criança mais propensa a reproduzir o comportamento que a sociedade considera adequado para seu gênero. Se uma criança imita o comportamento de um modelo e as consequências são recompensadoras, é provável que a criança continue a se comportar dessa maneira. Se um menino tem um comportamento de menina e percebe que isso é gratificante pelos pais, é provável que ele continue nesse comportamento; ele se comportará de uma maneira que acredita lhe permitir obter aprovação, porque é isso que ele quer.[365]

Bandura e seus seguidores destacam o papel importante que a imitação tem no comportamento humano: o ser humano é um ser social e, dessa forma, ele aprende com os outros, vive de imitação. Da "imitação" não está excluído o comportamento sexual: é o ambiente que molda a orientação e o comportamento sexual. Todos os comportamentos sexuais "não alinhados com a biologia" são comportamentos adquiridos e têm suas fontes principais na imitação.

Hoje, entre os vários modelos de imitação que mais influenciam os adolescentes e os jovens, está a internet com todos os meios de comunicação que dá livre acesso a programas pornográficos. Por isso, os comportamentos sexuais "não alinhados com a biologia", argumenta Bandura, estão aumentando nos últimos anos. A pornografia reforça uma orientação sexual que, sobretudo na adolescência, ainda não está bem definida[366].

6.4. Pornografia: sexualidade confusa e distorcida

Pesquisas de antropólogos e psicólogos que investigam a influência da pornografia na imaginação e no comportamento sexual dos jovens mostram que 90,5% dos adolescentes acessam sites pornográficos. Um fato alarmante quando se pensa também na idade em que se entra em contato pela primeira vez com o mundo da pornografia: 9 anos[367].

---

365 Nesse sentido, seu comportamento foi *reforçado*. O reforço pode ser *externo* ou *interno* e *positivo* ou *negativo*. Se uma criança receber a aprovação dos pais ou amigos, essa aprovação se torna um reforço externo, mas sentir-se feliz por ser aprovada é um reforço interno.

366 Idem.

367 GOLDSTEIN, Michael Joseph; Kant, Harold Sanford; HARTMAN, John Jacob. **Pornografia e comportamento sessuale deviante** Giuffré, 1978;

A pornografia, portanto, representa uma das primeiras formas de contato com a sexualidade. *Que efeito tem a exibição de filmes pornográficos no comportamento sexual de pessoas muito jovens?* Está comprovado que fantasias eróticas, imagens sexuais e pornografia levam as pessoas a uma identidade sexual confusa e distorcida[368].

Se aceitamos a teoria de A. Bandura pelo qual "a maior parte do comportamento humano é aprendido por imitação"[369], devemos admitir que a pornografia está contribuindo para a banalização da sexualidade e para comportamentos sexuais e relacionais não normais[370].

"As formas atuais de pornografia não deixam muito espaço para a imaginação, pois elas não consistem em imagens estáticas impressas em revistas e, talvez, em baixa resolução; a sexualidade retratada nos vídeos pornográficos atuais é dinâmica e os vídeos são editados de forma a permitir que o espectador tenha a percepção surreal de vivenciar os conteúdos em primeira mão. Esses vídeos, portanto, deixam os consumidores na ambiguidade e na crença de que o sexo é exatamente como você o vê! Aqueles que abordam a sexualidade pela primeira vez através da web, e se deparam com a pornografia por curiosidade de conhecer e explorar o mundo tão mágico quanto misterioso dos adultos, são assaltados antes de tudo pela confusão"[371].

"É assim que deve ser feito?", "*São essas as dimensões que precisa ter*?". Essas são apenas algumas das perguntas que permeiam a mente dos adolescentes que procuram os sites pornográficos para adquirir conhecimento sobre o comportamento sexual. E a resposta — devido à falta de controle por parte dos adultos e à carência de fontes diretas

---

Lambiase, E. Pornografia online. Correlati neurologici, processi cognitivi e comportamentali di sviluppo e mantenimento. *In*: **Modelli Della Mente**. Franco: Angeli, 2020.

368 Stella, Renato. **L'osceno di massa**. Sociologia della comunicazione pornografica. Milano: Angeli, 1991.

369 Bandura, Albert. **Teoria da Aprendizagem Social**, 1977.

370 Di Grazia, Massimo; TROMBETTA, Carlo; Rizzo, Michele; Bucci, Stefano. Sessualità e web negli adolescenti : riflessioni. **Rivista de Sessuologia clinica**: Franco Angeli, 2018, p. 36-46.

371 https://www.idego.it/sex-e-web/gli-effetti-della-pornografia-sul-comportamento-sessuale-degli-adolescenti/

e confiáveis de informação sobre a sexualidade —leva o adolescente à repetição de comportamentos aprendidos por meio da pornografia (*Teoria da imitação*) e à aquisição de um relacionamento sexual frágil, inseguro e dispersivo veiculado por modelos sexuais numerosos e contraditórios[372].

6.5. A liquidez da família

A família é universalmente reconhecida como o caminho principal para a construção do "Si" e da identidade pessoal integrada, coesa e clara; para o processo de socialização da criança; e para o desenvolvimento das formas pelas quais ela estabelecerá relações interpessoais e afetivas/íntimas com outras crianças e com o ambiente relacional.

Hoje, porém, vimos que é muito difícil falar sobre a família, pois existem muitos tipos: aquelas compostas e recompostas, ampliadas, monoparentais, homogenitorais e assim por diante. Tanto que podemos falar de *família líquida*.

Ao novo modelo de família segue também um novo modelo de educação familiar. M. Lancini, psicólogo e psicoterapeuta, fala da "transição da *família do pai simbólico* para a da *mãe virtual*, sintetizando, assim, a metamorfose de um núcleo não mais baseado na autoridade paterna, mas na autoridade materna; uma mãe, porém, sempre mais distante fisicamente da vida dos filhos por conta do trabalho fora de casa.

Mesmo com essas mudanças, todas as escolas psicológicas reconhecem o papel fundamental da família no desenvolvimento integral da pessoa humana. Entre os vários autores, lembro J. Bowlby (com a *Teoria do apego*); e C. Loriedo e A. Picardi que apresentam a família como a *base segura* sobre a qual a criança desenvolve a sua personalidade, explora o mundo externo[373] e cria sua *identificação*, processo essencial

---

372 Kraus S.W., Russell B., Early sexual experiences: the role of Internet access and sexually explicit material. *In*: **Cyberpsychology and behaviour**, v. 11, 162-168, 2008.

373 Camillo Loriedo e Angelo Picardi, *Dalla teoria generale dei sistemi alla teoria dell'attaccamento. Percorsi e modelli della psicoterapia sistemico-relazionale*, Franco

para seu próprio desenvolvimento[374]. Os pais são uma referência importante, sobretudo do nascimento aos 3 anos, fase em que a criança é chamada a alcançar sua própria *identidade*. Esse objetivo é possível somente diante de pessoas constantes, estáveis e com características próprias. Nesse processo, é bom lembrar que "não é tanto o que os pais fazem, mas o que os pais *são* que influencia o *ego* da criança"[375].

A presença da mãe

A mãe tem uma importância fundamental na vida e na formação da identidade e da afetividade da criança, de modo que sua presença constante molda a história e a personalidade da criança desde os primeiros momentos de sua existência[376]. Ela é, assim, parceira indispensável no desenvolvimento psicológico da criança[377]. A interação constante, mas gradual, mãe-filho tem como resultado final a *identificação diferenciada*, ou seja, um processo de lenta, mas progressiva, separação da figura parental, levando a criança a adquirir a sua própria identidade.

Não, porém, uma mãe qualquer. D. Winnicott fala da necessidade de uma "mãe bastante boa" (*a good enough mother*). "Uma mãe suficientemente boa, tal como eu a entendo, começa com uma completa adaptação às necessidades de seu filho e, com o passar do tempo, se desvincula dele com gradualidade"[378] para que o filho supere o *princípio*

Angeli, Milano, 2000, p. 220; José Rafael Prada Ramírez, *Psicologia & Formação*, Ed. Santuàrio, 2013, 184.

374 A "identificação" é um mecanismo muito utilizado na infância e na juventude e consiste em se tornar parecido com o outro. Em si, é um processo normal, mas, quando chega a negar si mesmo para parecer com o outro, se torna patológico. Ana Freud fala de *identificação com o agressor* (em seguida, chamado de *Síndrome de Estocolmo*).

375 Roberta Siani, *Psicologia del Sé*, Torino, Bollati Boringhieri, 1992; Eugenia Pelanda, *Modelli di sviluppo in psicanalisi*, Milano, Raffaello Cortina, 1995.

376 Várias publicações sobre a dimensão pré-natal da criança reconhecem a importância dessa primeira fase da história da vida humana realizada no contexto do útero materno, um período que terá consequências significativas nas fases sucessivas.

377 Cf. Giovanni Cucci, *Il ruolo della madre nello sviluppo del bambino*, La Civiltà Cattolica 2019 IV 334-347 I 4066 (16 nov/7 dic 2019).

378 Donald W. Winnicott, «Transitional objects and transitional phenomena», in *International Journal of Psychoanalysis* 34 (1953) 94; Id., *Sviluppo affettivo e ambiente*, Roma, Armando, 1994.

do prazer para o *princípio da realidade*, desenvolva a confiança e se abra aos relacionamentos e à exploração do ambiente.

As pesquisas psicológicas destacam a importância decisiva da acolhida, da confiança e do carinho na relação mãe-filho[379]. A confiança e o carinho são mais necessários para a criança do que o leite materno e o ar que ela respira[380]. Além disso, um ambiente materialmente confortável que não deixa faltar nada à criança, mas carente de carinho, de gestos de afeto e de confiança, bloqueia sua capacidade de expressar carinho, confiança, e de estabelecer relações profundas[381].

Uma triste confirmação da necessidade da interação mãe-filho vem das pesquisas sobre a mortalidade por doenças contagiosas nos orfanatos, realizadas pelo psicanalista R. Spitz. Ele observou que as crianças privadas de suas mães tendiam a manifestar, sobretudo, emoções negativas, como egoísmo, agressividade e depressão; preferiam ficar isoladas, eram incapazes de fazer amizade ou de ter gestos de generosidade; e não conseguiam sequer expressar sentimentos de alegria e altruísmo. Apesar de elas terem comida e roupas à vontade, faltava-lhes um alimento ainda mais essencial: o carinho, o afeto. Privadas de qualquer contato

379 O psicólogo Erikson introduz a esse respeito a noção básica de *confiança original*, que brota da relação com a mãe (Erikson, Erik H. **Infanzia e società**, Roma: Armando, 2008;
(Erikson, Erik H. **Aspetti di una nuova identità**. Roma: Armando, 1975).

380 A esse respeito, o psicanalista B. Bettelheim lembra o impacto emocional dos bombardeios em Londres durante a Segunda Guerra Mundial: quando os pais compartilhavam terror e angústia com os filhos, estes expressavam os mesmos sentimentos; os pais que, por outro lado, transmitiam segurança acima de tudo, tiveram o surpreendente efeito de tranquilizá-los. A proximidade e a voz suave do pai e da mãe eram suficientes para acalmá-los, e eles não tinham mais medo de nada. "A forma como os pais vivem um evento muda tudo para a criança, pois é com base na experiência dos pais que ela cria sua própria interpretação do mundo" (Bruno Bettelheim, *Un genitore quasi perfetto*, Milano, Feltrinelli, 1990). Um exemplo significativo, nesse sentido, é o filme *A vida é bela*, de Roberto Benigni, ambientado nos anos da Segunda Guerra Mundial.

381 Lembro que, numa reunião de formação com adultos, um senhor se levantou e disse ao grupo: "Eu sei que vocês se queixam de mim, me acham grosso no relacionamento... Eu reconheço que não sei amar, que não sou capaz de externar afeto... Eu não sei amar, pois não aprendi amar... Dos meus pais eu nunca lembro de ter recebido um carinho, um abraço, um beijo... Essa é a minha condição de hoje...".

com figuras significativas, as crianças, apesar de viverem em ambientes higienizados e serem bem alimentadas, morriam sem uma causa manifesta. Nos primeiros dois anos, a mortalidade chegava a mais de 70%[382].

As pesquisas de Spitz foram retomadas pelo psiquiatra inglês Bowlby, levando-o a cunhar o que ainda hoje é conhecido como a *Teoria do Apego e Perda*. De acordo com essa teoria, que logo se tornou famosa e reconhecida em todo o mundo, as emoções básicas da criança se desenvolvem de maneira adequada na relação preferencial com o corpo da mãe, figura de referência estável do ponto de vista biológico e emocional: uma relação que passa pelo toque, pelo olhar, pelo sorriso e pela palavra. Um "apego seguro", base da confiança e da segurança afetiva, tem consequências positivas importantes para a própria sobrevivência da criança[383].

A presença do pai

Para o desenvolvimento equilibrado e positivo da criança, não menos importante é a *figura paterna* distinta da figura materna. Vários estudos revelam que, na falta do pai, corre-se o risco de a mãe investir desproporcionalmente na relação com os filhos, sufocando-os e perdendo as devidas e oportunas distâncias e querendo preencher o carinho que ela não pode receber de um homem. A mãe, assim, tende

---

382 René A. Spitz. **O primeiro ano de vida**, 1958.

383 John Bowlby, Vol. 1, **Apego e perda**: *Apego à mãe*, 1969; Vol. 2, **Apego e perda**: *Separação da mãe*, 1973; Vol. 3, **Apego e perda**: A perda da mãe, 1980. Segundo Bowlby, o *apego* é um vínculo que o indivíduo estabelece desde os primeiros meses de vida com quem cuida dele; normalmente é a mãe, como primeira figura a cuidar dele, mas pode ser também o pai ou outra pessoa que substitua a figura materna. Esse apego não depende apenas de necessidades fisiológicas: é um tipo de vínculo '*emocional*'. Bowlby era da ideia de que a criança estabelece um vínculo com sua mãe não apenas com base em suas necessidades primárias (alimentado e cuidado), mas também em todos aqueles comportamentos capazes de transmitir uma sensação de proteção, segurança e bem-estar psicológico. O *apego* é uma necessidade adaptativa que acompanha a pessoa '*do berço ao túmulo*': afeta o desenvolvimento da personalidade desde os primeiros dias de vida e também influencia o tipo de relacionamentos que serão estabelecidos durante a vida. Situações de depressão, angústia, etc. vividas na idade adulta podem, portanto, ter na base, por exemplo, uma dolorosa separação da figura materna (ou do *caregiver*, o cuidador) ocorrida durante a infância.

a tornar-se ansiosa e protetora em relação ao filho, principalmente do sexo masculino, até impedir, consciente ou inconscientemente, que ele voe do ninho familiar para iniciar sua vida autônoma[384].

Concluindo, podemos dizer que "*a criança é o pai do homem*", e "*a criança é a mãe da mulher*", isto é, a personalidade do adulto é grandemente afetada pelas experiências emocionais da infância.

6.6. A fragilidade dos vínculos familiares

Para explicar a orientação sexual "não alinhada com o sexo biológico", alguns psicólogos falam de *falha no processo de identificação*[385]. Assim, para C. Atzori: "O processo de progressiva consciência de pertencimento ao próprio sexo está exposto à vulnerabilidade, tanto biológica quanto psíquica e cultural, e isso mesmo antes do nascimento". Vulnerabilidade devido a inúmeros fatores: do estresse materno durante a gravidez às experiências relacionais nos três primeiros anos de vida, em que a criança, "seja homem ou mulher", se confronta "numa dinâmica de identificação e desidentificação com uma figura feminina primária (a mãe) e masculina (o pai)". Por isso, "a atual fragilidade dos vínculos familiares observa Atzori — deveria preocupar pelos efeitos que produz sobre a identidade em formação das crianças"[386].

6.7. A falta de figuras significativas e estáveis

Os psicólogos, de Freud a Piaget, de Vygotsky a Bruner e de Spitz a Winnicot, relevam como, sem dúvida, a idade mais importante

---

384 Ricalcati, Massimo. **Le mani della madre**. Desiderio, fantasmi ed eredità del materno. Milano: Feltrinelli, 2015.

385 O *processo de identificação* pode ser obstaculizado pela construção fictícia de um *gênero neutro* ou *terceiro gênero*. Deste modo anula-se a sexualidade como qualificação estruturante da identidade masculina e feminina. A tentativa de superar a diferença constitutiva de masculino e feminino, como ocorre na intersexualidade ou no *transgender*, conduz a uma ambiguidade masculina e feminina, que pressupõem de modo contraditório aquela diferença sexual que se pretende negar ou superar.

386 Atzori, Chiara. **Gendercrazia nuova utopia**. Uomo e donna al bivio tra relazione o disintegrazione. Sugarco, 2015.

na vida de uma pessoa é a primeira infância[387] e como, nessa idade, é fundamental a presença de figuras significativas e estáveis para um correto desenvolvimento afetivo[388]. Com efeito, nos primeiros dias, meses e anos de vida, as crianças passam por um impressionante desenvolvimento cognitivo e social, construindo as bases sobre as quais se fundamentam os conhecimentos e as competências que a família, a escola e a sociedade lhes vão oferecer ao longo da vida[389].

No período de 0 aos 3 anos, o desenvolvimento da criança é unitário e progressivo. Ela começa a ativar os sentidos e as emoções, criando vínculos. Em particular, ela "sente" a presença da mãe, apega-se e estabelece relações com ela, percebe suas emoções, sente se a mãe está alegre ou triste e responde com um sorriso ao seu sorriso[390]. São relações que chamamos de "apego", pois a criança entende que a parte com a qual está em relação é a fonte de sua existência.

Como já vimos, o processo de *individuação* é a característica fundamental dos três primeiros anos de vida: a criança adquire uma própria *identidade*, ou seja, se percebe como um ser separado dos demais. A "individuação" é conseguida, porém, por meio de um processo de comparação com as figuras presentes e constantes em sua vida; se essas figuras de referência mudarem continuamente, o processo de individuação se tornará mais difícil[391].

---

387 Quando uma criança entra pela primeira vez em uma sala de aula aos seis anos, estima-se que quase 80% de seu potencial já foi desenvolvido. Essas indicações são, agora, confirmadas pelas pesquisas mais recentes em neuropsicologia: elas atestam que a atividade neuronal dos primeiros períodos da vida tem uma intensidade que nunca mais reaparecerá. É por isso que podemos dizer que as coisas mais importantes acontecem "antes".

388 Tizard destaca que o período de seis meses aos quatro anos pode ser crítico para a capacidade de formar relacionamentos estáveis Cf. Barbara Tizard. *Adoption:* a second chance. London: Open Books, 1977.

389 Estudos psicogenéticos demonstram que é fundamental, para o desenvolvimento da identidade da criança, a contribuição de um ambiente estável e emocionalmente relevante como a família (Cf. Holmes, Jeremy **La teoria dell'attaccamento**. John Bowlby e la sua scuola, 2017; Cozolino Louis. **Il cervello sociale**: neuroscienze delle relazioni umane, 2008).

390 M. Mahler (1897-1985), acerca do desenvolvimento da criança destaca a importância do sorriso da mãe, "que se reflete no sorriso da criança" (Margaret S. Mahler, *O nascimento psicológico da criança. Simbiose e individuação*, 1975).

391 É necessário que o 'mundo' da criança de 0 aos 3 anos seja o mais estável possível, pois ela precisa de figuras de referência constantes para se sentir 'protegida'; quando uma

Para que o processo de *individuação* nas crianças possa acontecer, os psicólogos destacam três elementos: 1) presenças significativas; 2) tempo prolongado dessas presenças; e 3) presença da figura feminina e masculina. Se, no mundo da criança, as "figuras de referência" mudarem continuamente, o processo de individuação será mais problemático. Por outro lado, se ela vive exclusivamente com "pais" ambos masculinos ou ambos femininos, a probabilidade de "se individuar" com um deles será maior. Isso porque as "pessoas são produto da realidade em que vivem"[392], e a "família é a 'fábrica' onde as pessoas são feitas"[393].

6.8. A memória afetiva

Nós vivemos de recordações, conscientes e inconscientes, que orientam nossas escolhas. Estamos falando de *memória afetiva*. A memória afetiva é o conjunto de atitudes emocionais vividas na primeira infância, e em outras fases da vida, que continuam presentes na nossa memória, mesmo que o episódio que as causaram tenha sido esquecido[394]. Em outras palavras, são esquecidos os fatos, mas o "afeto" (emoção) suscitado, que fica gravado no inconsciente, orienta as nossas escolhas do dia a dia.

A *memória afetiva* pode ser definida como a "documentação viva da história da vida emocional de cada pessoa. Estando sempre à nossa disposição e desempenhando um papel importante na avaliação e interpretação de tudo que nos rodeia, pode ser definida como a *matriz* de toda nossa experiência e ação"[395]. Por isso, é possível afirmar que as

---

criança dessa idade é levada ao jardim de infância e começa a chorar, isso significa que ela começa a 'individuar' que as figuras de referência da casa são diferentes das da escola.

392 Harry Stack Sullivan. **La teoria interpersonale della psichiatria**, 1930,

393 Satir Virginia. **Conjoint family therapy**, 1964.

394 Cucci S.I., Giovanni. I sentimenti sono necessari per vivere?, **La Civiltà Cattolica**, 2011 IV 10-21, quaderno 3871.

395 Arnold, Magda B. (ed.). **Emoção e personalidade**, 1970.

escolhas e os relacionamentos interpessoais têm a ver essencialmente com a memória afetiva[396].

As experiências vividas na primeira infância, positivas e negativas, gravadas na nossa memória afetiva são, sobretudo, aquelas que têm um "peso emocional" nas escolhas futuras. Tratando-se de emoções e sentimentos, elas despertam respostas relevantes de atração e repulsa que se expressam em atitudes, decisões e ações[397]. Podemos dizer que a memória afetiva "filtra" toda a experiência humana: de fato, não há nada de neutro na vida, mesmo as coisas aparentemente mais assépticas (um trem, um banco, uma calculadora) podem dizer muito a uma pessoa do ponto de vista simbólico-afetivo.

A memória afetiva (recordações emocionais) não pode e não deve ser apagada ou negada. Na vida humana, encontramos o curioso paradoxo de que, quanto mais são negados uma realidade, uma recordação e um afeto, mais sentimos com força seu poder, tornando o problema cada vez mais agudo[398]. Devemos aprender a aceitá-la[399] e a administrá-la[400]. Uma vida sem memória afetiva seria perigosa e sem significado.

6.9. A memória ferida

O impacto de um evento (a *experiência vivida*) — como uma agressão, um abuso sexual, uma reprovação na escola etc. — não é o

---

396 Bissi, Anna. **Il battito della vita. Conoscere e gestire le proprie emozioni**. Milano: Paoline, 1998, p. 8.

397 Pensemos em alguns "símbolos" básicos da vida, expressos pelas palavras "pai", "mãe", que despertam lembranças do passado, sofrimentos, alegrias, saudades e movimentos interiores que, às vezes, absorvem os pensamentos e as atividades do dia, comovem ou tiram a serenidade.

398 A negação, como a desvalorização, é considerada por S. Freud como defesas "primitivas" (colocadas nos níveis mais baixos do desenvolvimento psicológico): elas protegem o sujeito, mas empobrecem o mundo emocional da pessoa.

399 Não é por acaso que a etimologia do verbo *recordor-recordari* ("lembrar" em português) significa literalmente "guardar no coração".

400 Como já lembrava Aristóteles, o homem manso não eliminou a raiva, mas é capaz de expressá-la no momento certo, mostrando que possui a virtude, "o meio-termo certo" entre os extremos, característica essencial do comportamento moral (Aristóteles, *Ética a Nicômaco,* l. iv, 11, 1125b).

mesmo para todas as pessoas: algumas o superam e retomam a vida normalmente; outras podem ter grande dificuldade em vencê-lo, e o evento se torna algo que, aos poucos, as imobiliza, até se tornar um evento traumático, uma ferida que fica gravada na memória. Nesse caso, podemos falar de *memória ferida*.

Pesquisas psicológicas mostram que existem alguns eventos traumáticos que contribuem, mais do que outros, para a criação de uma "memória ferida", entre eles: ter sofrido abuso ou maus-tratos na infância; ter sido vítima de ameaças ou ataques na adolescência; e ter assistido a um evento violento.

A memória dos eventos traumáticos tem uma característica que a distingue da memória comum: por meio de determinados mecanismos, o sofrimento se torna crônico, aumentando a sensação de medo e de insegurança que influenciam a atividade cerebral e o comportamento[401]. É o que destaca Levine, médico e psicólogo especialista em processos traumáticos: as recordações emocionais traumáticas nos constringem a criar padrões psicológicos e comportamentais repetitivos[402].

Esse destaque de Levine é mais uma contribuição para dizer que a orientação sexual e alguns comportamentos sexuais podem ter sua origem em algumas experiências sofridas na infância ou na adolescência.

6.10. A cultura das "emoções frias"

O advento das novas tecnologias dos *mass media* facilitou a disseminação da cultura emocional. Consequentemente, os usuários partilham e divulgam seus sentimentos mais íntimos. As emoções são ditas e categorizadas, fixadas no espaço virtual, exteriorizadas e objetivadas por meios visuais de representação e linguagem, tornando-se, assim, narrativas utilizáveis pelo grande público dos seguidores.

---

[401] Kihlstrom, John F. L'argomento memoria-trauma e la terapia della memoria recuperata. *In*: Pezdek, K.; Banks, WP (a cura di). **Il dibattito sulla memoria recuperata/falsa memoria**, 1966.

[402] Levine, Peter (criador da abordagem 'Somatic Experiencing), **Trauma and Memory**, 2017.

A comunicação *on-line*, por ser mediada pela tela, liberta os internautas do medo do presencial e do julgamento social, favorecendo uma maior partilha. O "anonimato", porém, faz com que as "intimidades digitais" sejam, como diria Illouz, "*frias*". Como resultado, aparentemente contraditório, há o aumento do que Kristeva define como as "*novas doenças da alma*": depressão, anonimato, isolamento. Dessa forma, sente-se sozinho mesmo estando em comunicação com outras pessoas"[403]. Essa frustração pode levar o indivíduo a escolher, como objeto libídico, qualquer coisa capaz de dispensar um pouco de afeto.

6.11. A cultura do 'eu gosto'

No comportamento sexual, precisamos sempre distinguir a orientação do "eu gosto", pois nem todos os comportamentos sexuais "não alinhados com o sexo biológico" se explicam a partir da orientação sexual. Muitos deles têm sua explicação no "eu gosto". A orientação é algo de inconsciente que leva a pessoa a praticar um determinado comportamento; já o "eu gosto" é uma escolha ditada pela emoção do momento: hoje gosto de estar com o homem, amanhã gosto estar com uma mulher etc., até tudo isso se tornar um vício.

Se aceitamos como critério de comportamento o "eu gosto", estamos dizendo que nos deixamos levar pela pulsão, excluindo a "razão" e qualquer reflexão e raciocínio. Um mundo movido pelas emoções é perigoso. Muitas agressões sexuais se explicam com base no mundo pulsional: vejo um "objeto" libídico (no sentido freudiano) que pode me dar prazer, gosto dele, o quero e faço de tudo para consegui-lo, até com a violência.

Para acabar com a violência sexual, à cultura do "eu gosto" devemos contrapor a beleza e a alegria da "cultura do amor", que é a acolhida, o carinho e o respeito do outro. Quem ama não destrói. Há um ditado italiano que diz: "*Quando tu gostas de uma flor, a colhes. Quando tu amas uma flor, a regas todos os dias*".

---

[403] Ilaria Malagrinò. **Intimità e social media**. Una riflessione a partire dal pensiero di Michel Henry. **Medicina e Morale**, v. 2020, n. 1, p. 71-87.

6.12. Mudar é possível

Falei que as mudanças na orientação e no comportamento sexuais são possíveis, mas não podem ser uma imposição. Elas devem ser — como em todos os comportamentos — uma uma livre escolha da pessoa.

As mudanças podem acontecer a partir de algumas condições, como: a) querer; b) agir "passo a passo" (*step by step*); c) introduzir pequenos novos hábitos; d) mudar o ambiente em que se vive; e e) mudar de ambiente, se for necessário.

6.12.1. Querer: a contribuição da neurociência na mudança do comportamento

Até os anos 80, pensava-se que o cérebro fosse uma estrutura fixa e determinada. Como o comportamento depende do cérebro, aquele também seria determinado e fixo: uma vez que o comportamento fosse "gravado" no cérebro, não haveria mais nada a ser feito[404]. Assim, um comportamento errado não podia ser mais corrigido. Hoje, tudo isso é superado.

As descobertas no campo da neurociência, sobretudo as do italiano Golgi e do espanhol Gaal[405], no final do século XIX, têm mostrado que o cérebro possui duas estruturas diferentes: uma fixa, determinada e organizada desde o nascimento, já capaz de expressar comportamentos e ações; e outra, chamada de *cérebro plástico*, flexível, mutável. Sua peculiaridade é a capacidade de se organizar e de criar conexões entre neurônios a partir das experiências e das relações sociais. Essas conexões criam estruturas que formam a base biológica do nosso

---

[404] O criminalista italiano, Cesar Lombroso, acreditava que o cérebro fosse como um cristal: uma vez quebrado, não poderia ser reparado. Por isso, as doenças mentais não tinham cura. Era a cultura da Idade Média que encontramos também em Dante Alighieri, que considerava o cérebro um "cristal".

[405] Golgi, Camillo. **Opera omnia**. Milano: Hoepli, 1903-1929. 4 vols; Ramón y Cajal, Santiago. **Histologia del sistema nervioso del hombre e de los vertebrados**, 1897 y 1904.

comportamento, do nosso agir, pensar e lembrar: "a aprendizagem e o comportamento dependem das novas conexões neuronais" (Gaal).

No nosso cérebro, há cerca de 87 bilhões de neurônios (células cerebrais) conectados entre eles. Essas conexões (sinapses) permitem passar informações de um neurônio para outro, criando a *rede neuronal*; a atividade cerebral depende dessas conexões[406]. O comportamento, os sentimentos prolongados (como desejos, medos etc.) e as emoções criam, por sua vez, novas conexões neuronais e consequentemente, novos comportamentos e emoções. Pesquisas recentes mostram que não apenas as experiências, mas também os desejos, ativam, no cérebro, aquelas estruturas que se ativariam quando os desejos se tornassem realidade[407].

As *experiências vividas* e *repetidas* no tempo, positivas ou negativas, gratificantes ou traumáticas, que ficam na estrutura do cérebro plástico, constituem a "base biológica" da memória, faculdade que nos permite repetir comportamentos adquiridos. Isso explica porque a pessoa que vive longamente em ambientes erotizados e violentos é facilmente levada a ter esses comportamentos se não tiver uma estrutura psíquica bem sólida.

Falei que sentimentos e emoções criam novas conexões neuronais que estão na base de novos comportamentos. Por isso, não basta "querer", mas acreditar que a mudança vai acontecer. Precisa-se desafiar, apostar na própria força de vontade e nos próprios recursos humanos. Sem acreditar que a mudança vai acontecer, não há mudança.

6.12.2. *Introduzir pequenos novos hábitos*

Para mudar de comportamento, precisamos de "motivações" e da "força de vontade". Mas, por experiência, sabemos que isso não basta:

---

406 Algo extraordinário: cada neurônio está conectado a outros 10.000 neurônios, o que significa que cada neurônio recebe informações de outros 10.000 neurônios.

407 Obviamente, essa possibilidade do cérebro plástico de "se moldar" com base na experiência vale também no contrário: decompor uma estrutura pré-formada e, de alguma forma, mudá-la para não exercer mais a função que ela tinha anteriormente (inverter o hábito). O conceito de *plasticidade*, portanto, nos diz que a memória e o comportamento têm suas raízes naquela parte do cérebro que chamamos de cérebro plástico.

devemos aprender a mudar dia após dia por meio de novos pequenos hábitos diários. Com isso, desencadeamos a *mudança* em nossa vida, *introduzindo pequenos novos hábitos* que se tornam consolidados e duradouros ao longo do tempo. Nosso estilo é o resultado dos hábitos que adotamos nos últimos anos.

Nossos bons e maus hábitos são comportamentos automáticos e representam nossa forma de reagir às coisas sem pensar. O processo de formação de *hábitos* é baseado em muitas pequenas escolhas repetidas ao longo do tempo. Para o bem ou para o mal, tudo o que fazemos é resultado do lento e inexorável *círculo do hábito*. Por essa razão, a *mudança* não deve ser vista como um acontecimento marcante, mas como um processo em constante evolução, "passo a passo"[408].

6.12.3. Mudar o ambiente

"*Quer mudar comportamento? Mude o ambiente*". Os diretores de marketing da Grande Distribuição Organizada (GDO), portanto dos supermercados, conhecem perfeitamente o mecanismo segundo o qual o ambiente influencia o comportamento e a força de vontade das pessoas.

"*Muda o ambiente em que vive, e o comportamento vai mudar*" é também a convicção dos neurocientistas[409]. De fato, sabemos que os nossos comportamentos repetidos influem nas estruturas cerebrais e as transformam e que estas, por sua vez, determinam o nosso comportamento[410]. Há um contínuo *feedback* entre comportamentos e estruturas cerebrais: o nosso encéfalo se organiza ao longo da vida em função das informações que recebe e processa[411]; as novas estruturas cerebrais, assim formadas, constituem a base neurológica para

---

408 MAZZUCHELLI, Luca. ***Fattore 1%...*** cit.

409 Esse é um princípio adotado, hoje, até pelos engenheiros e pelos arquitetos nos projetos urbanísticos e nas construções residenciais: "*Muda o ambiente, o cérebro vai mudar e o comportamento também*".

410 O cérebro de um músico que treina muitas horas por dia não é o mesmo de quem pratica de vez em quando.

411 Cf. VÉLEZ, ANTONIO. **Homo sapiens**. Villegas Editores: Bogotá, 2006.

diversas estruturas mentais, que, por sua vez, produzem os diferentes comportamentos[412].

Se o ambiente determina as nossas escolhas, as pergunta são: "*Como posso modificá-lo para torná-lo um aliado da minha força de vontade, para facilitar certos comportamentos e dificultar outros? Como posso construir minha vida diária para fazer as melhores escolhas? Como deixar de ser uma vítima do ambiente e me tornar o arquiteto da minha vida? Como posso transformar meu contexto de acordo com o hábito que quero adotar para me tornar um determinado tipo de pessoa?* [413]

6.12.4. Mudar de ambiente

"*Quer mudar comportamento? Mude de ambiente*". Às vezes, não basta "mudar o ambiente" para mudar o comportamento; é necessário "mudar de ambiente" para desencadear um novo estilo de vida[414]. Não quero dizer que, para mudar um comportamento, basta mudar apenas de ambiente: as "orientações" e os comportamentos sexuais têm uma etiologia complexa e multifatorial e respondem a dinâmicas próprias para as quais uma mudança de cenário nem sempre é suficiente.

O princípio, porém, tem sua verdade: para mudar radicalmente o comportamento, é preciso começar mudando radicalmente o contexto. Sabemos que o ambiente que nos rodeia influencia as nossas escolhas e ações de forma inconsciente, mas decisiva. Isso significa que nem

---

412 Esse *feedback* ou *reforço recíproco* entre comportamento e ambiente é também a convicção do psicólogo A. Bandura: "O comportamento é parcialmente responsável por criar o ambiente, e o ambiente resultante, por sua vez, influencia o comportamento" (Albert Bandura, *Teoria...*, cit.).

413 Mazzuchelli, Luca. **Fattore 1%.** Piccole abitudini per Grandi Risultati. (Ed. ampliata), Ed. Giunti, 2023

414 Um dos princípios em que se baseiam as comunidades de recuperação de dependentes químicos, por exemplo, é precisamente o de tirar o sujeito do seu contexto e colocá-lo num ambiente extremamente diferente do habitual. Em seu próprio ambiente, de fato, o viciado em drogas possui uma série de "condicionamentos" que representam um convite para consumir a substância: o banco do parque onde ele vai se drogar, o bar onde ele sabe que encontrará o traficante, o grupo de amigos com quem ele se diverte. Esses elementos estão ausentes no contexto comunitário e, portanto, não podem desencadear as mesmas associações entre ambiente e comportamento.

sempre escolhemos o que realmente queremos, mas o fazemos com base no que o ambiente nos oferece[415].

Vários experimentos mostram como o ambiente pode ser um válido aliado da força de vontade. Na década de 1970, a abordagem da *Social Cognition* (*Aprendizagem social*) teorizou que o "Se" da pessoa forma-se em ambientes específicos e em relação a conteúdos particulares que emergem em uma determinada situação. Mudando a situação de referência, passando de um ambiente social para outro, por exemplo, o "Se" também pode ter mudanças profundas[416]. Os contextos, de fato, condicionam as interações, envolvem certos tipos de raciocínio em vez de outros, fazem fluir certos pensamentos e influenciam as possibilidades de ação[417].

Nessa direção, C. H. Cooley propôs sua teoria do *Looking-glass self*, segundo a qual a construção do "Se" (subjetividade e identidade pessoal) ocorre por meio de "espelhamento consciente", baseado em experiências sociais e relacionais[418]. Assim como Cooley, também G. H. Mead teoriza que o desenvolvimento do "Se" é muito influenciado pelos relacionamentos e interações com os outros[419].

6.12.5. Dar valor à renúncia

Um sinal de maturidade humano-afetiva é a capacidade de saber lidar com a *renúncia*. Renúncia indica a capacidade de a pessoa, diante de um prazer e de uma satisfação imediata, olhar além do prazer imediato e enxergar valores maiores[420]. A renúncia, iluminada pela razão e treinada pela vontade, torna a pessoa sempre mais forte e segura para superar obstáculos e desafios maiores.

---

415 MAZZUCHELLI, Luca. **Fattore 1%...** cit.

416 Para A. Bandura, "a maior parte do comportamento é aprendida por imitação" (BANDURA, Albert. **Teoria da Aprendizagem Social**, 1977).

417 FALASCHI, Elena. Educare la coscienza introspettiva per una ecologia del Sé. **Orientamenti Pedagogici**, vol. 70, n. 1, jan-fev-mar 2023.

418 HORTON, Cooley, Charles. **Human Nature and the Social Order.** New York: Charles Scribner's Sons, 1902.

419 MEAD, George Herbert (1934). **Mente, sé e società**. Firenze: Giunti-Barbera, 1966.

420 Para uma pessoa diabética, é difícil renunciar a um pedaço de bolo se não pensar no seu bem-estar.

Parece-me que não estamos bastante treinados para lidar com a renúncia, ou melhor, não temos a *cultura da renúncia* nos projetos educativos; aliás, ela é apresentada como frustração, enquanto sabemos que a satisfação de qualquer desejo pode levar à frustração e à alienação.

Uma sociedade civil caracteriza-se pelo uso do cérebro e, sobretudo, da última parte (em termos evolutivos), que é a razão, para gerir os afetos e, principalmente, dominar a parte pulsional que está em nós. Mas, hoje, quando se fala de sexualidade, não se aceita mais nenhuma regra: reclama-se o direito de viver os próprios impulsos e desejos sexuais como quiser. E tudo isso é justificado como "civilização": "Um país civilizado, diz-se, não deve ser aprisionado em normas éticas que limitam a liberdade pessoal e a expressão dos próprios desejos e pulsões". Mas precisamos lembrar que, na pessoa, o instinto sexual não é extremamente "regular" como nos animais. "Regular" o instinto e aprender a lidar com suas próprias pulsões são desafios constantes para não se autodestruir.[421] Temos os meios: inteligência e vontade.

6.12.6. *Usar os freios inibitórios*

Há outro aspecto também que nega o valor da renúncia e torna mais difícil tomar decisões livres[422]: estamos em uma época na qual

---

421 Os animais têm períodos pontuais, a "estação de acasalamento", e, depois, ficam tranquilos; o homem é muito menos determinado, não tem a estação de acasalamento, não tem a precisão regulada do instinto.

422 Lonergan faz uma importante distinção sobre a liberdade da vontade: em um nível geral, há a capacidade de tomar decisões (o que Lonergan chama de *ivill*); a ação concreta da decisão (chamada *willing*); e, finalmente, a prontidão para responder, a disponibilidade a decidir (*willingness*). Esse último componente, a *liberdade efetiva*, é limitado por uma série de dificuldades que não podem ser resolvidas em um nível meramente cognitivo. Isso significa que, de fato, pode-se ser livre "essencialmente", mas não "efetivamente": "Uma pessoa que deseja deixar de fumar pode ser essencialmente, mas não efetivamente livre de deixar, isto é, ela tem a capacidade de entender e de refletir sobre as motivações para não fumar e tem também a capacidade volitiva de executar uma decisão (liberdade essencial), mas não realiza essa capacidade, ou seja, não age e executa essa decisão, pois é limitada na escolha das possíveis alternativas ao hábito de fumar enquanto está sob o peso do hábito (liberdade efetiva)" (LONERGAN, Bernard. **Insight**: A Study of Human Understanding. London - New York Toronto: Longmans, 1958, 619 e 623).

está proibido falar e usar os "*freios inibitórios*". Somos dominados pela satisfação imediata do desejo. Tudo o que eu quero, devo tê-lo e logo. As pulsões devem ser satisfeitas, e satisfeitas logo. Renunciar ou proibir significa frustração.

E tudo isso é proposto como civilização. Uma sociedade pulsional, onde não existem normas, onde tudo deve ser permitido, seria uma sociedade civil! O filósofo Jambatista Vico diria exatamente o contrário: a vida pulsional é uma regressão de civilização. Ele lembra que a transição da era *bárbara* para a *civilização* foi o desenvolvimento da mente e do cérebro, capazes de dominar os instintos. Nós, hoje, estamos fazendo um caminho reverso: do *homo sapiens* estamos indo para o *homo pulsionalis* (*do homem* sábio ao homem *pulsional*). A razão é substituída pela pulsão.

Uma sociedade dominada pelas pulsões é uma sociedade que renuncia à alegria da espera e do "pensar"; uma sociedade do *pensamento fraco*. De fato, fazemos muitas coisas durante o dia em tempo real e, somente depois de tê-las feito, nos perguntamos o significado. "Há um declínio da *alegria de pensar*. O pensamento é uma coisa maravilhosa, porque, antes de tudo, consegue maravilhar a pessoa que pensa. Isso parece ter desaparecido na nossa sociedade. A fórmula que se usa é: eu gosto, eu quero, e a lei deve me permitir isso, ela não pode reprimir meus desejos[423]. Mas, mesmo se quisesse reprimir um desejo, não irei conseguir, pois, numa sociedade de permissivismo, os 'freios inibitórios' (razão e vontade) não estão bastante treinados[424].

6.12.7. *Fazer uma boa higiene mental*

À raiz de um comportamento há sempre um pensamento. Por isso, não adianta querer mudar um comportamento se, primeiro, não é

---

423 ANDREOLI ,Vittorino. **La gioia di pensare**. Elogio di un'arte dimenticata. Rizzoli, 2017.

424 Quando viajo de carro de Belo Horizonte para Barbacena/MG, de vez em quando, antes de uma descida, encontro uma placa: "Verifique os freios". É um alerta: testar o funcionamento dos freios para ter certeza de que, quando precisar, eles respondem ao meu comando. Na vida, devemos fazer a mesma coisa: treinar nossa vontade nas pequenas situações da vida ordinária para que ela se torne forte diante das escolhas da vida. Lembrando que "uma pessoa com vontade vai mais longe do que uma pessoa inteligente".

feita uma "higiene mental". É impossível ter um comportamento sexual "correto" se a mente é alimentada continuamente com a pornografia. A verdadeira mudança acontece, antes de tudo, no pensamento e, como consequência, no comportamento.

Se queremos mudar um determinado pensamento-comportamento errado, devemos primeiro "higienizar" nossa memória; é o que popularmente se chama de "lavagem do cérebro". Trata-se de um processo de "desmemorização" que a pessoa deve querer e fazer; não pode ser imposto. Esse processo passa pela mudança do ambiente e das relações interpessoais. Novas amizades e novos relacionamentos mais "saudáveis" podem reorientar um comportamento. É isso que acontece também na medicina: a uma pessoa que está com problemas respiratórios é aconselhado, às vezes, mudar de ambiente. Esse novo espaço higieniza os pulmões, e a pessoa se recupera da doença.

6.12.8. *Vigiar os sentidos*

"*Nihil est in intellectu quod non fuerit prius in sensu*" (Não há nada na mente que antes não tenha estado nos nossos sentidos), escreveu Tomás de Aquino[425].

As sensações perceptivo-imaginativas são fatores decisivos na estimulação sexual e representam um potente condicionamento psíquico. Na nossa cultura, esses fatores funcionam como "afrodisíacos psicológicos". Pense, por exemplo, na pornografia, no bombardeio diário vindo de *slogans*, revistas, programas de rádio e televisão (as intermináveis novelas!), nos cinemas, nos sites da internet que invadem a rede telemática e nos programas que vendem a felicidade a baixo preço, afirmando que a ela é alcançada somente quando se podem satisfazer os próprios instintos à vontade. Isso tudo acontece quando se vive sem nenhuma norma ética; quando se superam os condicionamentos ligados a tabus; quando se aproveita de todas as oportunidades para transgredir, para ir além de tudo o que até agora foi considerado lícito pela moral comum.

---

425 (Tomás de Aquino, **De veritate**, q. 2 a. 3 arg. 19).

Nessa cultura "afrodisíaca", é difícil, mas não impossível, "cuidar" dos próprios sentidos. A sabedoria antiga nos ensina que a "custódia dos sentidos" é condição indispensável para respeitar as pessoas e ter bons relacionamentos interpessoais.

6.12.9. Educar-se ao autocontrole

A sexualidade não é apenas um dado biológico e psicológico, ou instinto que foge do controle da vontade humana; ela é uma pulsão que pode, e deve, ser orientada pela vontade com liberdade e responsabilidade para integr*á-la* num projeto de vida mais amplo. Essa não é tarefa de um dia, *é o* desafio da nossa vida. Como sabemos, na vida, o sucesso e o fracasso dependem essencialmente do empenho pessoal[426], e menos de circunstâncias externas fortuitas[427].

Para uma autêntica educação sexual, devemos remover algumas crenças populares e pseudocientíficas que ridicularizam o exercício do autocontrole sobre os impulsos e, em particular, sobre o impulso sexual. Como:

a) Uma *vida pulsional é uma vida mais feliz*. A nossa cultura hedonista promove e favorece a busca do prazer, do conforto, com a relativa fuga de tudo o que nos pode fazer sofrer. É uma atitude geral de "sensualidade" que vai desde tomar bebidas alcoólicas ou comer doces quantas vezes se deseja até a liberdade, mais ou menos desenfreada, de tipo erótico. Está desaparecendo a cultura da "espera": renunciar momentaneamente a algo agradável para gozá-lo em um segundo momento. Saber renunciar a um prazer imediato para obter, mais tarde, um prazer maior é fruto de um aprendizado que se adquire desde a infância. Controlar os impulsos e adiar sua satisfação é crescimento e maturidade[428].

---

[426] O escritor italiano, Vitório Alfieri, se fazia amarrar à cadeira por um de seus ajudantes para não ceder à tentação de se levantar enquanto estudava e escrevia. Ulisses, que também era um tipo obstinado, teve de ser amarrado ao mastro de seu navio para resistir ao canto da sereia.

[427] POLACEK, K. L'auto-efficacia: un costrutto utile nell'educazione. **Orientamenti Pedagogici**, v. 2, n. 1993, p. 267-280.

[428] O poeta italiano Giacomo Leoparti, na poesia *Il sabato del villaggio* (*O sábado do vilarejo*), na qual descreve o clima festivo que caracteriza o dia de sábado no vilarejo,

b) O mito do é impossível resistir. O que pode levar a desistir do autocontrole dos próprios impulsos sexuais é, muitas vezes, a convicção, mais ou menos explícita, de que é impossível controlar e renunciar a algo considerado "natural": o sexo é natural e uma necessidade humana; ele não pode ser controlado, pelo contrário, deve ser satisfeito[429]. Essa crença é desmascarada pela experiência e pelas ciências humanas: não podemos viver sem as expressões da sexualidade, mas podemos viver muito bem sem o "exercício do sexo".

c) As *motivações inadequadas e falsas* são um terceiro elemento que impede o amadurecimento do autocontrole. Motivações inadequadas são aquelas que apresentam a sexualidade e suas expressões numa maneira negativa. Isso, além de não favorecer o autocontrole, pode criar atitudes mais ou menos inconscientes de repressão, que, por sua vez, são a origem de estados de ansiedade e de explosões emocionais onde se misturam angústia e rebelião.

6.12.10. *Educar-se para uma sexualidade madura e responsável*

A sexualidade humana é uma pulsão que, se orientada à vida e ao amor, leva a pessoa a amar, a se relacionar, a criar. Ela fala três "línguas": a *espiritual*, a *afetiva* e a *erótica*. São as três dimensões do amor: *ágape, filia, eros*[430]. Como realidade *composta*, ela é vivida e se manifesta

---

expressa muito bem o valor simbólico da "espera" quando escreve que a "espera da festa é mais prazerosa que o dia da festa" (o domingo); o sábado é caracterizado pela espera alegre do domingo, destinado inevitavelmente à decepção. O prazer, para ele, é futuro: "O prazer humano [...] pode-se dizer que é sempre futuro, é apenas futuro, consiste apenas no futuro. O ato próprio do prazer não existe. Eu espero um prazer, e essa esperança em muitos casos se chama prazer" (G. Leopardi, *Zibaldone*, 1821).

429 É uma convicção apoiada e encorajada pela vulgarização pseudocientífica das teorias psicológicas sobre os efeitos neuróticos da "proibição". Há pais e educadores que têm medo de colocar limites nos filhos e alunos; têm medo de usar palavras como "controlar", "renunciar", "sacrifício" temendo inibir os jovens e criar, neles, complexos e frustrações.

430 Cf. Aristóteles, **Sobre a alma;** Ética a Nicômano e Ética a Eudemo.

em várias dimensões: genital, corporal, afetiva e espiritual[431]. Como energia, a sexualidade pode ser vivida de maneira bem *equilibrada*, expressa numa vida serena e gratificante; e *reprimida*, nesse segundo caso, a pessoa manifesta sinais de frustração ou de exaltação (erotismo), com problemas nos sentimentos e nas emoções.

A sexualidade, como todas as realidades humanas, é fortemente condicionada pela história pessoal. Geralmente, a *imaturidade sexual* está relacionada ao desenvolvimento afetivo-sexual da pessoa: a *uma não correta superação* de algumas passagens evolutivas na educação infantil, com consequentes dificuldades de *identidade sexual*; à *fixação* a certa fase evolutiva; a um *desenvolvimento da sexualidade não adequado* à idade e às etapas da vida em que a pessoa se encontra.

Uma sexualidade bem integrada e vivida na sua dimensão "generativa", biológica e psicológica acarreta uma vida de gratificação e de doação.

6.12.11. Passar da educação sexual à educação da pessoa

Para uma sexualidade madura e responsável, a ênfase deve ser colocada na educação da pessoa: *não se educa a sexualidade, educa-se a pessoa*. Como nela, todas as suas várias expressões estão conectadas, o educador deve sempre se perguntar quais aspectos e atitudes do indivíduo precisam de mais cuidados, quais feridas precisam ser curadas, quais conflitos necessitam ser resolvidos e quais fixações ou regressões afetivo-sexuais trabalhar para uma adequada e progressiva integração da sexualidade no projeto de vida escolhido pela pessoa.

O desenvolvimento equilibrado e sereno da pessoa, como sabemos, depende da satisfação de suas necessidades básicas: a necessidade de afeto e aceitação, de estima e de autoimagem positiva, de competência, de autonomia e responsabilidade, de conhecer, de se

[431] Na sexualidade — diz o psicoterapeuta alemão H. Jellouschek —, esconde-se um potencial de transcendência. Somente se nos abrimos a ela, alcança-se sua plenitude. Os místicos integraram a sexualidade em seu itinerário espiritual. Eles descreveram suas experiências com Deus com uma linguagem erótica (Hans Jellouschek, *Espelho, espelho nosso*).

sentir útil aos outros, de dar sentido à própria vida. Quando algumas dessas necessidades não são satisfeitas, a pessoa sente uma situação de frustração, mais ou menos grave, e a resposta comportamental compreende algumas questões, como distúrbios na autoestima, sensação de incapacidade, estado de ansiedade e depressão, fechamento em si etc. São justamente esses estados de fechamento egocêntrico que levam a pessoa a comportamentos atípicos, que se manifestam, sobretudo, na esfera sexual. A sexualidade representa um termômetro muito sensível do equilíbrio ou desequilíbrio da personalidade.

CONCLUSÃO

"*Homem e mulher os criou*" (Gn 1,27). Nessas poucas palavras da Bíblia, está resumida a dualidade sexual. Desde o início, o homem teve consciência de que, em natureza, existem somente dois sexos biológicos: macho e fêmea. Foi a partir desse princípio antropológico que analisamos o comportamento sexual humano. Chegamos a uma conclusão? A ciência não tem respostas conclusivas, mas as pesquisas e a reflexão continuam. Vimos que nenhuma teoria e nenhum fator podem, sozinhos, explicar os vários comportamentos sexuais. No conjunto, porém, eles mostram que, como é na primeiríssima infância que se forma a personalidade, é aí que devemos procurar uma resposta, mesmo "não conclusiva", à pergunta sobre a origem do comportamento sexual.

A respeito do comportamento sexual, estamos falando de pessoas, pois não existe a sexualidade em abstrato, há pessoas sexuadas com seus conflitos, desafios e alegrias. A atitude que elas nos pedem, independentemente de sua orientação sexual, é de "escuta" e de respeito, embora isso não signifique aprovar ou dizer que tudo está certo. A natureza humana não pode ser negociável nem questionada; a natureza da pessoa (sua *essência* ou *hipóstase*) não depende do consenso universal.

Dessa forma, precisamos de um "ponto de equilíbrio" objetivo e não condicionado à cultura (subjetivo). Se a pessoa tem seu fundamento no DNA, devemos concluir que a sexualidade também tem sua referência objetiva no DNA. Sem esse ponto de equilíbrio, iremos "construir" pessoas fluidas, que exigem que todos os próprios desejos se transformem em necessidade e, portanto, se tornem um direito: indivíduos fluidos para uma sociedade fluida.

Portanto, falar de comportamentos sexuais diferentes não significa expressar avaliações éticas. Não é papel do psicólogo emitir julgamentos éticos, ou dividir as pessoas em "boas" e "ruins", em "normais" e "anormais". O julgamento é deixado para os outros. O psicólogo procura conhecer a pessoa para ajudá-la a superar o sofrimento existencial e viver sua vida com mais maturidade e alegria.

REFERÊNCIAS BIBLIOGRÁFICAS

VITALE, Aldo Rocco. **Gender questo sconosciuto**. Cosa si nasconde dietro la nuova ideologia del nostro tempo. Verona: Fede & Cultura, 2016.

SAADEH, Alexandre. Alexandre. **Transtorno de identidade sexual**: um estudo psicopatológico de transexualismo masculino e feminino. 2004. Tese (Doutorado em Psiquiatria) — Universidade de São Paulo, São Paulo, 2004. DOI: 10.11606/T.5.2004.tde-09082005-115642. Acesso em: 23 mar. 2024.

ADLER, Alfred (1930). **Il problema dell'omosessualità**. *Tascabili Economici Newton, 1994.*

AMERICAN PSYCHIATRIC ASSOCIATION (APA), DSM-5. **Manual Diagnóstico e Estatístico de Transtornos Mentais**.

BISSI, Anna. **Il battito della vita.** Conoscere e gestire le proprie emozioni. *Milano: Paoline, 1998.*

GIDDENS Anthony. **La trasformazione dell'intimità**. Sessualità, amore ed erotismo nelle società odierne. *Bologna: Mulino, 1995.*

CALTAGIRONE, *CALOGERO*; MILITELLO, Cettina (ed.), **L'identità di genere**. Pensare la differenza tra scienze, filosofia e teologia. Bologna: EDB, 2015.

ATZORI, Chiara. **Gendercrazia nuova utopia**. *Uomo e donna al bivio tra relazione o disintegrazione,* Sugarco, 2015.

O'LEARY, Dale. **Maschi o femmine?** *La guerra del genere*. Rubbettino, 2006.

BOYD, Deirdre. **Liberarsi dalle dipendenze**. Milano: Mondadori, 2000.

DONALD W. WINNICOTT, *Sviluppo affettivo e ambiente,* Roma, Armando, 1994.

GILLIÉRON, Edmond; BALDASSARRE, Mirella (a cura di). **Perversioni e relazioni**. Roma: Alpes Italia, 2012.

LAMBIASE, Emiliano. **La dipendenza sessuale**. Diagnosi e strumenti clinici. Roma: Carocci, 2019.

ERIKSON, ERIK H. **Aspetti di una nuova identità**. *Roma: Armando, 1975.*

Erikson, ERIK H. **Infância e Sociedade**, 1950.

PERSON, Ethel S.; OVESEY, Lionel. The transsexual syndrome in males: primary transsexualism, 1974 *In*: PERSON, E. S. **The sexual century**. New York: Yale University Press, 1999. p. 110-126.

QUATTRINI, Fabrizio. **Parafilie e devianza**. Psicologia e psicopatologia del comportamento sessuale atipico. Giunti Editore, 2015.

RESTA, Fedrica. **Vecchie e nuove schiavitù**. Giuffré Editore, 2008.

LIGGIO, Fernando. **Le parafilie maggiori**. Alpes Italia, 2013

GIDDENS, Anthony. **The Transformation of Intimacy. Sexuality, Love and Eroticism in Modern Societies**. Cambridge: Polity Press, 1992.

CIPRIANI, Giovanni. Indagine sugli Aspetti Positivi e Negativi della Masturbazione sulla Popolazione Giovanile, **Università 'La Sapienza'**, 1986.

GIOVANNI CIPRIANI, *Homossexualidade. Neurociências e orientação sexual*, Paulus, São Paulo, 2018.

CUCCI, Giovanni; ZOLLNER, Hans. Osservazioni psicologiche sul problema della pedofilia. **La Civiltà Cattolica** 2010 II 211-222 I 3837 (1° maggio 2010).

CUCCI, Giovanni. AFFRONTARE LA PIAGA DELLA PORNOGRAFIA. *In*: "**La Civiltà Cattolica**" 2019 III 23-34 I 4057 (6/20 luglio 2019).

CUCCI, Giovanni. Cybersex. Una dipendenza insidiosa. *In*: "**La Civiltà Cattolica**" 2019 II 540-552.

LEBRUN, Jean-Pierre. **La perversion ordinaire**. Vivre ensemble sans autrui. *Paris: Flammarion, 2015.*

NICOLOSI, Joseph. **Oltre l'omosessualità**. Ascolto terapeutico e trasformazione. Milano: San Paolo Edizioni, 2007.

NICOLOSI, Joseph, **Omosessualità maschile**: un nuovo approccio. Milano: Sugarco, 2002.

MARMOR, Judd (a cura di). **L'inversione sessuale**: diversi aspetti dell'omosessualità. Milano: Feltrinelli, 1970.

BUTLER, Judith. **Problemas de gênero**: feminismo e subversão da identidade. Civilização Brasileira: Rio de Janeiro, 2013.

PALAZZANI, Laura. **Identità di genere?** Dalla differenza alla in-differenza sessuale nel diritto. Milano: San Paolo, 2008.

COZOLINO, Louis. **Il cervello sociale: neuroscienze delle relazioni umane**, 2008.

DE GREGARIO, Luciano. **La voglia oscura**. Pedofilia e abuso sessuale. Giunti, 2016.

BONAFIGLIA, Lucio; IACAPRARO, Marianna. Pedofilia ed empatia. *In*: SIMONELLI, CHIARA; PETRUCCELLI, Filippo (a cura di). **Le parafilie**. Aspetti clinici, socio-culturali e giuridici, 2002.

BONAFIGLIA Lucio. **Pedofilia.** Perché. L'esigenza di confini. Edizioni Carlo Amore, 2003.

ARÁN Márcia. **A transexualidade e a gramática normativa do sistema sexo-gênero**. Ágora, 2006.

PEREZ, María Isabel Martínez. **Abusos sexuales en niños y adolescentes**. Ed. Criminología y Justicia, 2012.

BREVEGLIERI, Michele. **Sessualità, liminalità e "lavoro di confine**: il caso dell'esperienza bisessuale. 2008. 326 f. Tese (Doutorado em Sociologia) — Università degli Studi di Padova, Podova, 2008. Disponível em: https://www.research.unipd.it/retrieve/e14fb26f-d968-3de1-e053-1705fe0ac030/TesiBreveglieri.pdf. Acesso em: 22 mar. 2024

FRIGIERI, MICHELE; MICOLI, Alessia. **Il sadomasochismo come relazione sociale**. Le parafilie del quotidiano. Amon, 2012.

KLEPONIS, Peter. **Uscire dal tunnel**. Dalla dipendenza da pornografia all'integrità. *Crotone: D'Ettoris, 2018.*

COSSI, Rafael Kalaf. Desvinculação da experiência transexual do diagnóstico psicanalítico de psicose, **Revista Psicologia Saúde**, Campo Grande, v. 6, n. 1, p. 9-17, jun./2014. Disponível em <http://pepsic.bvsalud.org/scielo.php?script=sci_arttext&pid=S2177=093-2014000100003X&lng=pt&nrm-iso>. Acesso em: 22 mar. 2024

LUCAS, Lucas Ramon. L'identità sessuale della persona a cinquant'anni dall'Humanae Vitae / The sexual identity of the person 50 years after Humanae Vitae. **Medicina e Morale**, v. 67, n. 5, dez./2018, p. 545-562. DOI : https://doi.org/10.4081/mem.2018.556..

ROSSI, Roberta; DELLI SANTI, Fabio. La bisessualità: um'analisi storica di un concetto in evoluzione. *In*: SIMONELLI, Chiara; PETRUCCELLI,

Filippo (Orgs.). **Le parafilie**. Aspetti clinici, socio-culturali e giuridici. Quale psicologia, 2002, v. 20, suppl. n. 2, p. 435-450.

SCHWARTZ, Pepper; BLUMSTEIN, PHILIP W. The Acquisition of Sexual Identity: Bisexuality. *In*: HAEBERLE, E. J.; GINDORF, R. (ed.). **Bisexualities**. The Ideology and Practice of Sexual Contact with Both Men and Women. New York: The Continuum Publishing Company, 1998.

FREUD, Sigmund. **Três ensaios sobre a teoria da sexualidade**, 1905.

SIMONE DE BEAUVOIR, **O segundo sexo**, 1949.

ANGELIDES Steven. **A History of Bisexuality**. Chicago-London: The University of Chicago Press, 2001.

CANTELMI T.; LAMBIASE E. (a cura di). **Omosessualità e psicoterapie**. Percorsi, problematiche e prospettive. Franco Angeli, 2009.

HARGOT, THÉRÈSE. **Una gioventù sessualmente liberata (o quasi)**. Venezia: Sonzogno, 2017.

ALLPORT, Willard. **Personalidade:** padrões e desenvolvimento. São Paulo: EPU, 1973.

ZYGMUNT Bauman. **Modernidade Líquida**, 2021.

ZYGMUNT, Bauman, **Amor Líquido**: Sobre a Fragilidade dos Laços Humanos, 2003.

O AUTOR

Giovanni Cipriani

Doutor em Psicologia pela Universidade "La Sapienza" de Roma. Doutor em Bioética (Teologia) pela Universidade "Angelicum" de Roma. Palestrante e articulista na área de 'Psicologia aplicada', de Bioética e de formação humana. Publicou, entre outros:

- *Affettività e sessualità nell'adolescente*, Bulzoni, Roma, 1986.
- *O embrião humano. Na fecundação o marco da vida*, Paulinas, 2007
- *A Glória da Cruz*, Paulinas, 2017
- *Homossexualidade. Neurociências e orientação sexual*, Paulus, 2018
- *O místico da Paixão. Paulo da Cruz e a Congregação Passionista*, EXALT, 2021
- *São Gabriel de Nossa Senhora das Dores. O Santo que encanta os jovens*, EXALT, 2023

Construindo ideias
e conectando mentes

Este livro foi composto com tipografia Minion
e impresso em papel Pólen Natural 80g.
na Promove Artes Gráficas em maio de 2024.